林乐珍 著

小学语文任务群读写新方案

长江出版传媒　长江文艺出版社

图书在版编目（CIP）数据

小学语文任务群读写新方案 / 林乐珍著. -- 武汉：长江文艺出版社，2024.7
（大教育书系）
ISBN 978-7-5702-3582-7

Ⅰ.①小… Ⅱ.①林… Ⅲ.①小学语文课－教学参考资料 Ⅳ.①G623.203

中国国家版本馆CIP数据核字(2024)第104151号

小学语文任务群读写新方案
XIAOXUE YUWEN RENWUQUN DUXIE XINFANGAN

| 责任编辑：梅若冰　施柳柳 | 责任校对：毛季慧 |
| 封面设计：天行健 | 责任印制：邱　莉　丁　涛 |

出版： 长江出版传媒　长江文艺出版社
地址：武汉市雄楚大街268号　　邮编：430070
发行：长江文艺出版社
http://www.cjlap.com
印刷：武汉市首壹印务有限公司

开本：710毫米×970毫米　　1/16　　印张：12.25
版次：2024年7月第1版　　2024年7月第1次印刷
字数：164千字

定价：48.00元

版权所有，盗版必究（举报电话：027—87679308　87679310）
（图书出现印装问题，本社负责调换）

序

让读写一体化在任务群里安顿与升华

成尚荣

林乐珍老师是个永不停步的人,我将她的座右铭定为:目标永远是下一个。如果说,林老师的语文教学改革研究犹似在不确定性的海面上航行,那么她的目标是彼岸即此岸;如果说,林老师的语文教学好比在丛林中探险,那么她的目标是穿越"丛林法则",走向更开阔的地带。于是,未来就在她的脚下,希望就在她的奋进中。值得庆喜的是,她的每一次航行都会去占领一个小岛,每一次探险都会有一个新发现。

摆在我面前的是林老师的新作:《小学语文任务群读写新方案》。记得几年前,她刚出版了小学语文读写一体化的著作。读写的主题没有变,但内容却发生了变化。其实,这样的变化是原有课题研究的深化,即任务群读写正是读写一体化的具体化,将一体化读写通过任务群去实现。从她的深化中我们听到了新步伐的铿锵之声。

语文本身是个整体,人文性与工具性是相融合的,听说读写创也是不能分离的。一体化首先是一致化,深处是学习要素中的互相依存、互相渗透、互相支撑、互相促进。而学习者——儿童更是一个整体,绝对不能用分离的读与写去分割儿童的生活以至生命。这些都是毋庸置疑的常识,但在语文教学中,为什么有的教师会违背了呢?不能不说除了对语文生命本质缺少深刻的认知外,与技术问题，即与具体的策略、方法、途径、工具问题没有解决好是有关的。人类最伟大的工具是人的眼睛，而眼睛又是与心灵紧密联系在一起的。林老师用她的眼睛与心灵构筑并丰盈了完整的语文生命，用技术支持了并丰富了儿童完整而积极的语文生活。

关于语文任务群我缺少深入的研究，但是我深知任务群对语文教学的改革起了极大的推动作用。正是任务群编织了语文教学的要素，让读写在任务群里获得新的安顿之处，自然地趋近、进入、融为一体。林老师寻找到了语文读写一体化的载体与途径，积极落实课程标准，体现了课改精神，在探索中走向未来。

任务群读写研究，林老师充分体现了一些鲜明特点。构建了任务群读写的新方案，用整体目标来统摄读写内容及其活动，在三个层级上进行聚焦：一级聚焦——课标中任务群读写的定位，对三个学段任务群目标进行了分解，体现了递进性；二级聚焦——教材中任务群读写的概念网，走进教材，在横向与纵向性上进行概念梳理，一张概念网就是文化意义之网；三级聚焦——基于学情统整课标与教材，将"专家设计的课程"转化为"教师经验的课程"，而且落实在具体教材中。为此，她寻找到几个相对应的概念。新方案体现了整体性、系统性，在结构化中将理念与实践联结起来。林老师是具有关系思维和系统思维的一位专家。用杜威的话来说，当在丛林中行走时，在一番探索、体悟、思考后，她的那张图便是经验的提升和概念的凝练。

林老师用心进行了任务群读写活动方案的设计。整体规划不能替代具体设计，她按着课标中规定的任务群，分别对"思辨性阅读与表达""实用性阅读与交流""文学阅读与创意表达"等任务设计了基于真实情境的活动设计：探险性游戏文案、云上博物空间、我的校园年度汉字、做一本旅游手账、请学会讲有趣的故事、宠物观察局……贴近儿童生活，呈现生动情境，让学生在读写活动中站立起来，让经验鲜活起来，让知识流淌起来，而读与写自然地融化为一体，在交融中得以升华。林老师有着丰富的教学经验，具有设计能力，尤其有孩童般的想象力。想象是创造的先导。林老师的语文教学是一场极富创意的学习之旅，审美愉悦一直伴随儿童的读写活动。

于是，我也有一种想象，林乐珍老师的语文任务群读写新方案，是教学改革成果的形态。在她的教学中，任务群像是到中流击水的百舸，飞溅思维浪花，飞扬儿童思维，激荡语言文字的思想。这是一本富有审美情趣的研究性的成果。写序以示祝贺！

（作者系国家督学、教育部课程改革专家、原江苏省教科所所长）

目录

第一章 "任务群读写"方案构想 001

第一节 怎样用整体目标统摄内容和活动？ 004
一、一级聚焦：课标中任务群读写的定位 004
二、二级聚焦：教材中任务群读写的概念网 006
三、三级聚焦：基于学情统整课标与教材 008

第二节 怎样选择、组织、呈现任务群？ 011
一、中介层：任务群读写的内容选择 011
二、内隐层：任务群读写的结构组织 014
三、外显层：任务群读写的方案呈现 017

第三节 怎样展现过程的高投入、高认知和高表现？ 020
一、任务化：真实而有意义的任务情境 020
二、实践性：典型而具体的读写活动 022
三、多元化：系统而完整的评价机制 025

第二章 "任务群读写"方案设计 029

实用性阅读与交流 031

"云上博物空间"——五年级上册第五单元 031
任务一：好物资料袋 034

任务二：好物推荐平台 036

　　任务三：云上博物空间 040

我的"校园年度汉字"——五年级下册第三单元 041

　　任务一："字"述一年 044

　　任务二："字"圆其说 046

　　任务三："字"出新裁 048

文学阅读与创意表达 051

做一本旅游手账——三年级上册第六单元 051

　　任务一：学习制作旅游手账 054

　　任务二：尝试制作旅游手账 057

　　任务三：自主制作旅游手账 060

　　任务四：创意制作旅游手账 062

学会给观众讲有趣的故事——三年级下册第八单元 064

　　任务一：矛盾中见有趣 068

　　任务二：意外中见有趣 070

　　任务三：巧合中见有趣 072

　　任务四：综合运用说故事 075

　　任务五：综合运用编故事 077

把事情写清楚——四年级上册第五单元 080

　　任务一："叙述"清楚 084

　　任务二："描述"清楚 086

　　任务三："表述"清楚 089

宠物观察局——四年级下册第四单元 090

　　任务一：写出"特点" 094

　　任务二：写出"情感" 097

任务三：写出"情趣" 100

思辨性阅读与表达 104

"探险游戏文案"设计师——五年级下册第六单元 104

任务一：构思探险之旅 108

任务二：学习脱险思维 110

任务三：完成探险之旅 115

第三章 "任务群读写"方案现场 117

七巧板摆娃娃——二年级上册"叙事四要素"教学实录 119

学会讲有趣的故事——三年级下册第八单元教学实录 128

任务一：矛盾中见有趣 128

任务二：意外中见有趣 134

任务三：巧合中见有趣 140

任务四：综合运用说故事 146

任务五：综合运用编故事 153

宠物观察局——四年级下册第四单元教学实录 158

任务一：写出"特点" 158

任务二：写出"情感" 162

任务三：写出"情趣" 169

我的"校园年度汉字"——五年级下册第三单元启动课教学实录 174

"任务群读写"背后的故事 184

第一章

"任务群读写"方案构想

小学语文"任务群读写"新方案

读写结合是小学语文教学的优秀传统经验，也是统编教材编写的一大特色。

《义务教育语文课程标准（2022年版）》（以下简称"新课标"）明确提出，要以语文学习任务群组织与呈现课程内容。此举旨在通过课程内容的重构推动教与学的变革。

新课标提出的六个学习任务群中，"实用性阅读与交流""文学阅读与创意表达""思辨性阅读与表达"学习任务群的名称就明显包含了读写结合。

在新课标"学习任务群"的背景下，读写结合教学该体现怎样的新理念，又该以怎样的新样态迭代发展？"任务群读写"新方案正是面对这一新要求的积极应答。具体而言，要回答以下几个问题：

怎样挖掘单元选文最关键的读写知识，用整体目标统摄内容和活动？

怎样选择、组织、呈现任务群，让读写内容在有内在联系的结构与系统中显出意义？

怎样融入真实任务情境，嵌入完整评价，展现读写过程的高投入、高认知和高表现？

第一节 怎样用整体目标统摄内容和活动？

"任务群读写"的关键是要从任务群的高度出发，统筹考虑处于统领和核心地位的目标。落实到实践层面，有三个层级聚焦。

一、一级聚焦：课标中任务群读写的定位

目标的一级聚焦就是归属学习领域。我们试着解读、梳理了课标中"实用性阅读与交流""文学阅读与创意表达""思辨性阅读与表达"学习任务群在不同学段的定位和功能（见表1–1）。

表1-1 新课标中任务群读写的定位与功能解读

学习任务群	任务群读写的目标定位			任务群读写的功能
	第一学段	第二学段	第三学段	
实用性阅读与交流	与家人、亲朋好友、同学、老师文明沟通、礼貌交流，学会分享学校见闻、学会感恩。	学习日常应用文；观察自然、探索科学世界的收获；表达生活见闻片段。	参观访问、学习说明文、考察报告、科学家小传；学会记笔记、列大纲、写脚本、画思维导图，整理、呈现信息；学习用多种媒介方式记录展示、讲述英雄故事。	实用性，满足生活交流沟通需要。

续表

学习任务群	任务群读写的目标定位			任务群读写的功能
	第一学段	第二学段	第三学段	
文学阅读与创意表达	阅读熏陶，喜欢阅读文学作品。	阅读描绘大自然、表现人类美好情感的诗歌、散文等文学作品，欣赏有童趣的语言与形象；创编儿童诗和有趣的故事，发展想象力。	阅读革命先烈的诗歌、小说、影视作品，以讲述、评析等方式交流情感体验；学会运用联想、想象创意表达；阅读少年成长小说、故事、传记，学习用细节描写等文学表现手法讲述成长的故事。	紧扣文学作品梳理文学形象、文学表达、文学意境，提升文学审美品位。
思辨性阅读与表达	阅读有趣短文，发现、思考日常事物奇妙之处，说出想法；大胆提问，分享解决问题的方法，说出一两个理由。	阅读科学短文，发现大自然奥秘，图文结合，表达自己的观点和思考；阅读解决生活问题的故事，尝试表达故事中的道理；主动记录整理、交流发现的问题和思考，学习辨析、质疑、提问的方法。	阅读短论、简评，学习有理有据表达自己的观点；发现并思考生活中多种语言现象的特点，体会不同表达效果，感受其中的智慧和思维方法；阅读科学故事，表述科学家发现、发明过程，体会猜想、验证、推理等思维方法。	学会质疑，掌握各种思维方式，发展理性思维和理性精神。

可以发现，每个"任务群读写"功能不同，涉及的内容不同，在各学段的要求呈螺旋式上升，能力逐步增长。

以"思辨性阅读与表达"任务群为例：1.第一学段阅读有趣的短文。第二学段阅读有关科学的短文、解决生活问题的故事，尤其是中华智慧故事。第三学段阅读关于中华传统美德、社会公德等方面的短论、简评；关于科学发现、技术发明的故事，感受其中的智慧，学习其中的思维方法；生活阅读的范围也同样在不断扩大。2.表达方式在增加，表达形式在丰富。第一学段要求说出自己的想法，大胆提出遇到的问题。第二学段要求依据事实和细节，运用口头和图文结合的方式，表达自己的观点和思考；尝试运用列提纲、画思维导图等方式，表达故事中的道理。第三学段要求用画思维导图等辅助方式，简洁清楚地表述；结合实际事例，学习有理有据地口头或书面表达自己的观点。3. 思辨能力逐步增长，难度逐渐加大。第一学段要求大胆提出问题，乐于分享解决问题的办法，说出一两个理由。第二学段要求学习思考的方法；学习辨析、质疑、提问等方法。第三学段要求体会猜想、验证、推理等思维方法。

目标的一级聚焦不仅明确了"任务群读写"归属的学习领域，也为"任务群读写"画出了整体的教学愿景。比如五年级下册第六单元"了解人物的思维过程，加深课文内容的理解。根据情境编故事，把事情发展变化的过程写具体"，就归属"思辨性阅读和表达"，旨在学会质疑、掌握各种思维方式、发展理性思维和理性精神。三年级下册第八单元"了解故事的主要内容，复述故事。根据提示，展开想象，尝试编童话故事"，就归属"文学阅读与创意表达"，紧扣文学作品梳理文学形象、文学表达、文学意境，提升文学审美品位。

需要说明的是，学习领域的归属并不意味着不要其他，而是以该学习领域为核心，其他学习任务群目标指向并围绕核心目标，整体推进。比如五年级下册第三单元《遨游汉字王国》，归属"实用性阅读与交流"，定位在学会记笔记、画思维导图，整理、呈现信息，学习用多种媒介方式记录展示，旨在满足生活交流沟通需要，但同样包含"语言文字的积累与梳理""文学阅读与创意表达""跨学科学习"等学习任务群（详见第二章《我的"校园年度汉字"——五年级下册第三单元》）。

二、二级聚焦：教材中任务群读写的概念网

目标的一级聚焦明确了"任务群读写"的学习领域，但还属于课程层面的概念，要想大面积、全方位落地，一个必要的前提就是教材化。

现行小学语文统编教材在读写结合上已经做了很多创造性工作，尤其是在课程目标与学习需求的交集巧妙抽样，选取具有典型代表性的概念和范例。这些努力为我们实施任务群读写提供了基础性条件。

让我们一起走进教材，在学习领域的统领下统揽教材中读写结合单元的核心概念，形成纵横联系的核心概念网络（见图1-1）。

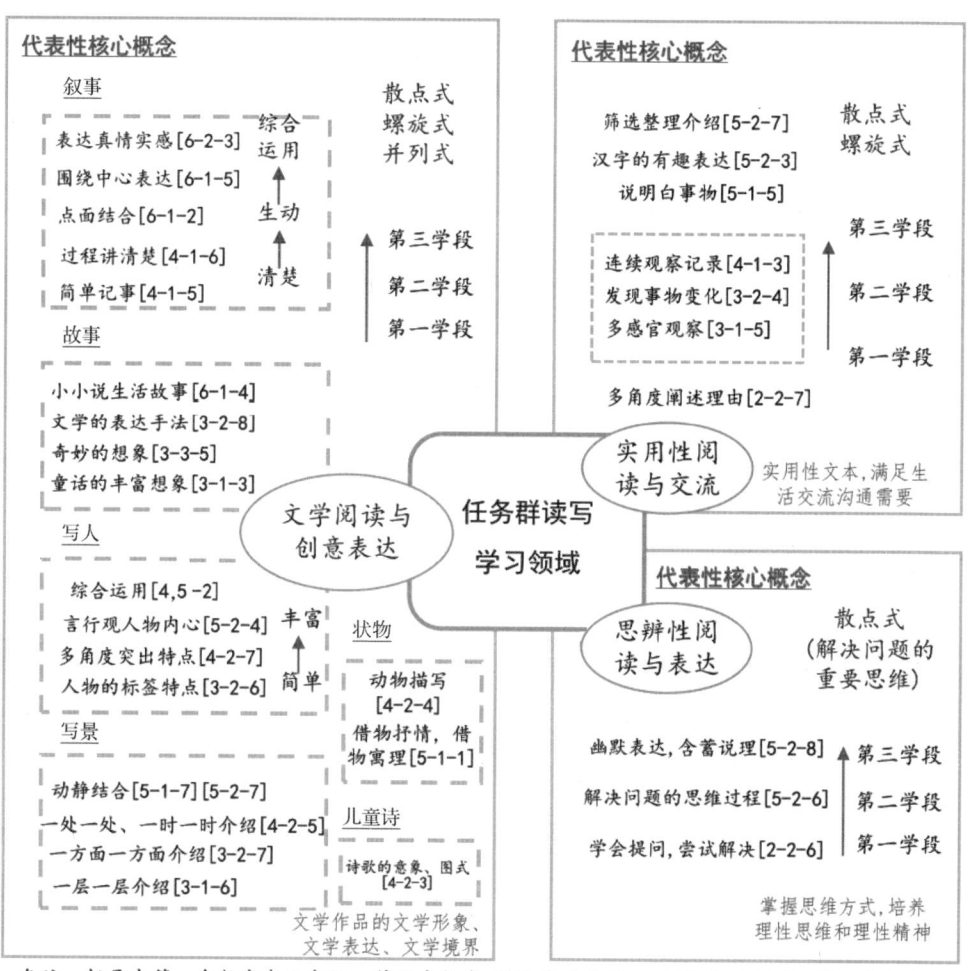

备注：括号中第一个数字表示年级；第二个数字"1"表示上册，"2"表示下册；第三个数字代表教材的单元序列。

图1-1 基于统编教材的任务群读写核心概念图

可以看出，教材中的每一个读写结合单元在"任务群读写"的学习领域指向下，有了目的性和连接性——

纵向上看，系列学习任务群体现了关联和进阶：比如叙事，"简单记事"—"过程讲清楚"—"点面结合"，从"讲清楚"到"讲生动"，最后综合运用，步步进阶；比如写人，从"抓住特点贴标签"到"多角度突出特点"是"形"，"表达人物内心、品质"是"神"；比如写景，"一层一层介绍，一方面一方面介绍，一处一处介绍、一时一时介绍""景物变化、动静结合"呈现了写景文的各种策略。

横向上看，系列学习任务群又相互支持，体现综合性。比如"实用性阅读与交流"学习领域的系列学习任务群其实都涉及了搜集、整理、筛选信息和"有条理地表达"，但从第一学段到第二学段，呈现出螺旋式上升的态势。比如"文学阅读与创意表达"，内容就涉及叙事（虚构故事）、写人、状物（写景）、儿童诗等不同学习领域、主题内容、文学体裁，读写结合的样本是多样化的，具有典型性、代表性。

事实上，所有任务群在更高层次上又相互关联融合，都包含了并列式、总分式、递进式等构段成篇的关键能力。这里不再赘述。

有了这样的把握，统编教材中"任务群读写"的目标就更具体，且相对完整、结构起来了。

三、三级聚焦：基于学情统整课标与教材

通过以上两个层级的目标聚焦，我们基本上从宏观和中观层面把握了课程标准与教材相关单元的要求，将"专家设计的课程"转化为"教师经验的课程"。但落实到教学中，还需要基于学情统整课标、教材，只有到了这个层面，才能真正转化为"学生习得的课程"。我们以"学会讲有趣的故事（三年级下册第八单元）"为例。

本单元归属"文学阅读与创意表达"任务群，通过文学作品特定的形式反映出心灵的美好境界。就单元而言，就是学习、鉴赏"有趣故事的表达手法"，包括：

故事的结构模式。故事由一系列事件组成，可以满足孩子"后来呢？……后来呢？"的好奇心，因此，"故事—情节"是压倒一切的结构模式。本单元的故事也是如此。按时间顺序，如《慢性子裁缝和急性子顾客》《枣核》；按地点变换，如《漏》；按事情发展顺序，如《方帽子店》；还有《慢性子裁缝和急性子顾客》《方帽子店》的对比性结构、《漏》《枣核》的反复性结构。引导学生把握基本的结构，可以更好、更快地记住故事情节，也有利于创编、讲述故事。

矛盾与反差。制造矛盾与反差是故事的一大法宝，"想让故事变得高涨起来的话，就刻画登场人物之间的对立吧"。这个单元在这点上表现尤为突出，急与慢、方与圆、大与小、正与邪、变与不变、胖与瘦、大方与小气……《方帽子店》一文在异于日常的行为反差、角色反差、表达上制造的语言反差等矛盾冲突中塑造了人物形象，推动了一波三折的情节发展。

悬念与意外。悬念与意外是文学艺术中积淀而成的一种审美规范。比如《慢性子裁缝和急性子顾客》，第一天就"抖包袱"，急性子顾客竟然被慢性子裁缝说服了，于是故事有了折蛇形的结构。《方帽子店》鲜明的反差产生了一系列的"意想不到"，一波未平，一波又起，牵着读者一步步往前走，最后突然一转——"那些不舒服的方帽子，慢慢地成了古董"，意想不到却意料之中，有力地表达了"推陈出新"的主题思想。

误会与巧合。"无巧不成书"，误会与巧合一旦发生，就不免要生出千奇百怪的事端，故事便有了独特的审美品格和审美价值。比如民间故事《漏》就巧妙而又自然地借助各种"误会与巧合"来展现要发生的事情内容：开端源于误会与巧合的情节，利用重复，结尾冰释误会；整个故事妙趣横生、引人入胜，让人读来哑然失笑又若有所思。

统编教材中故事占课文总数的15%，对于三年级下学期的学生，故事不

是第一次接触。尤其在低年级更是密集出现。我们来看看教材中读写结合的故事单元。（见表 1-2）

表 1-2　统编教材读写结合的故事单元梳理表

单元	核心知识	目标指向
三上第三单元	感受丰富的想象，试着编童话	故事的基本结构
三下第八单元	了解故事的主要内容，复述故事，展开想象，尝试编故事	故事的构思艺术
四下第八单元	感受童话的奇妙，体会人物真善美的形象，按自己的想法新编故事	故事的主题表达

可见，学生对故事的基本结构和模式比较熟悉。本"任务群读写"的核心概念就是"品味有趣故事的表现艺术，创编有趣的故事"。由此，我们就可以拟定本"任务群读写"的统整性目标：

1. 通过图表、示意图等支架梳理故事情节，理解故事意义，语境识字。

2. 鉴赏、探究"矛盾与反差、悬念与意外、误会与巧合"等故事表现艺术，感受故事语言的魅力，复述故事。

3. 运用有趣故事的表达手法，学习创编有趣的故事。

总之，目标的层级聚焦，体现了课程教材化、教材教学化，如同船锚，层层锚定，实现了"任务群读写"目标的整体性和一致性（见图 1-2）。

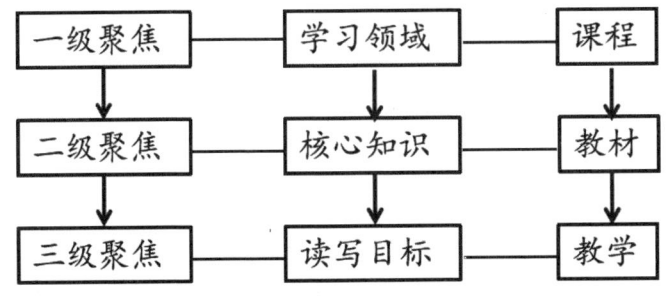

图 1-2　"任务群读写"目标的层级聚焦图

第二节 怎样选择、组织、呈现任务群？

"任务群读写"新方案将原来作为教学方法的读写结合转化为任务群的存在方式和教学方式，功能不同，其内在联系的结构与系统也就发生改变。从内容的选择、组织、呈现视角，其分别涉及了三个层面：中介层、内隐层、外显层。

一、中介层：任务群读写的内容选择

"任务群读写"的内容结构，依靠的是读与写相同的核心知识。鉴于当下的教材实际，"任务群读写"内容的选择不应是勉强把教材单元内部所有资源进行毫无逻辑或极不合理的整合。可以有以下几种思路。

1. 转化自然单元

就是将现行教材中的读写结合单元，按照任务群的视角进行转化。其实，统编教材的习作单元都可以作为任务群读写的中介载体。比如五年级上册第五单元，是一组说明文的读写结合习作单元。从任务群的视角，教材中说明文的自然单元是"实用性阅读与交流"学习领域的重要课程内容。因此，这个单元就可以转化为"介绍一种事物"主题的"实用性阅读与交流"任务群，引导学生"抓住主要特点—恰当运用说明方法介绍清楚—选用合宜的语言风格"，层层递进，亲身经历知识发生的过程，有效建构"介绍一种事物"的言语体系。

有的单元的语文要素就明确提示本单元是读写结合单元，我们就应该从任务读写的群视角进行转化。比如三年级上册第六单元"借助关键语句理解一段话的意思。习作的时候，试着围绕一个意思写"，五年级下册第四单元"通过课文中动作、语言、神态的描写体会人物内心，尝试运用动作、语言、神态描写，表现人物内心"，六年级上册第三单元"了解文章是怎样点面结合写场面的。尝试运用动作、语言、神态描写，表现人物内心"，等等。

还有些单元的语文要素比较含蓄，教师要善于发掘。如五年级下册第六单元"了解人物的思维过程，加深对课文内容的理解。根据情境编故事，把事情发展变化的过程写具体"，似乎不关联。但从习作内容"展开丰富合理的想象，把遇到的困境、求生的方法写具体"可以看出，其重点仍在"遇到困境解决问题"的思维方法，可见，这个单元的内容具有内在关联性，归属"思辨性阅读与表达"学习领域。再比如五年级下册第八单元"感受课文风趣的语言。看漫画，写出自己的想法"，其内在的核心就是语言智慧，即"风趣和幽默是智慧的闪现"。

2. 联结相关文章

就是按照读写结合的学科逻辑，将教材单元中具有读写内在关联的几篇文章结合，进行任务群的转化。比如五年级下册第七单元，一个语文要素是"体会静态和动态的表达效果"，《威尼斯的小艇》《牧场之国》《语文园地》的交流平台、词句段运用板块，指向"描写"，让学生恰当运用静态、动态呈现景物的独特魅力，契合"文学阅读与表达"学习领域。另一个语文要素是"搜集资料，介绍一个地方"，关联课文《不可思议的金字塔》《口语交际：我是小小解说员》《习作：中国的世界文化遗产》，指向"搜集、整理、分析、使用信息"，契合的是"实用性阅读与交流"任务群学习领域。这时就可以将教材单元的几篇课文拆解，分别形成相匹配的任务群读写。

再比如关于"想象"这个核心概念，三年级上册第三单元指向拟人化想象，三年级下册第五单元指向通过"加特征""减特征""反特征""换特征"等多角度改变特征进行相似想象、相反想象，产生神奇的效果。两个单元的课文看似各自为政，其实有明显的关联与递进。我们要善于联结，发现教材中显性或隐性的关联，唤醒建构，升格任务群读写的载体品质。

3. 创造读写任务

就是依托教材内容，基于学习需求，通过补充、联结、整合学习资源，实现"任务群读写"。

比如二年级下册第七单元是一个动物童话单元，单元后面设置了"如果可以养小动物，你想养什么？写写你的理由，试着多写几条"的写话要求。从内容上看似乎相关，都是有关小动物的，实则读与写基本分离。于是，在写话中学生基本上只能基于原有基础，写几条"小动物很可爱""我喜欢小动物"等干巴巴的理由。怎样发掘读写关联点、构建任务群读写，需要老师创造性地开发。

新课标在"实用性阅读与交流"任务群中指出："阅读有关个人生活、家庭生活的短文，认识同文章相关的汉字，感受美好亲情；学习运用文明礼貌语言，与家庭成员、亲朋好友交流沟通，学会感恩。"可以看出，"如果可以养小动物，你想养什么？写写你的理由，试着多写几条"是很好的亲子沟通的话题。我们可以联结生活，将其转化为亲子沟通的"任务群读写"。

任务一：给妈妈写封信，表达你想养只小动物，尽量说服妈妈。（提供信的格式，补充理由。）回顾单元课文，想一想，还可以从哪些角度写理由？（多角度丰富理由。）

任务二：拓展阅读《我要大蜥蜴》，阿力想要大蜥蜴时，和妈妈说了哪些理由？给你什么启发？你能在给妈妈的信上继续补充你想养只小动物的理由吗？（从小动物可爱、小动物的需求、我的准备等不同角度不断丰富理由。）

任务三：试着和爸爸妈妈沟通，针对爸爸妈妈的回复随机应变，说服爸爸妈妈。（《我要大蜥蜴》提供了一种很好的沟通模式，因此继续和家长联合，开展实操性的亲子沟通任务。）

在真实沟通情境中，孩子们躬身入局，切身体会到当和爸爸妈妈发生分歧时，可以充分利用讲道理、撒娇或感性的策略，唯一不能用的是肢体冲突和语言暴力——阿力的这种处理方式很值得学习。父母在沟通情境中，也可以切身体验到教养孩子并没有快捷方式，要用爱、尊重和了解来引导；不同年龄的孩子有不同的沟通方式，但是"倾听"却是不变的法宝。

二、内隐层：任务群读写的结构组织

选择了比较理想的"任务群读写"内容后，还需考虑"任务群读写"中系列学习任务之间的关系，确定焦点、设计主线，更好地发挥"群"的价值。这是"任务群读写"的"内隐层"。主要有以下几种结构。

1. 链式结构

即学习任务前后联系，前后学习目标和学习过程构成环环相扣的链，前任务是完成后任务的基础，后任务是对前任务的拓展或深入，依循认知逻辑，循序渐进。以"宠物观察局（四年级下册第四单元）"为例（见表1-3）。

表1-3　"宠物观察局"任务群读写设计

核心驱动问题	总任务	最终成果
为我的动物朋友制作一本图文资料手册，以备不时之需。	宠物观察局，记录大开眼界的养宠瞬间。	"我的动物朋友"图文资料手册。
分解驱动问题	**主任务**	**主产品（里程碑）**
如果小动物走丢了，要请人帮助寻找，怎么讲清它的特征，尤其是和别的动物不同的地方？	观察记录，整理素材。准确描述小动物的显著特征，附上照片。	观察素材记录本。小动物"寻物启事"。
如果要请人帮忙喂养、收养小动物，怎么讲清楚小动物的脾气、饮食等特点，帮助邻居了解它，以情动人、让人喜欢上它。	细致观察、描摹动物的神态、动作，用心体会它们的喜怒哀乐，倾注感情，生动描写。介绍收养的好处，小动物的可爱，"动之以情"。	继续丰富观察素材记录本。请求帮忙喂养、收养小动物的文章。

续表

分解驱动问题	主任务	主产品（里程碑）
怎么叙述与小动物之间的动人故事，才能写出情趣，体现小动物的可爱？	综合运用，写出小动物的可爱，叙述与它之间的动人故事等。	"我的动物朋友"图文手册。

围绕核心问题、主任务分解的三项学习子任务分别指向"写出特点—写出情感—写出情趣"，环环相扣，形成一条层层递进的逻辑链条，将读写引入深度。

2.树状结构

即系列学习任务从不同角度切入，并经过不同的学习路径指向目标，从而让一个个学习任务纵向伸展，犹如大树主干上分层长出枝丫。

比如上述第一节中提到的"学会讲有趣的故事（三年级下册第八单元）"，"制造矛盾，故事情节更有趣—设置意外，故事跌宕起伏—创造巧合，故事妙趣横生—综合运用，讲有趣的故事"，系列学习任务围绕"学会讲有趣的故事"，循着"有序—有趣"纵向伸展，从不同角度展现"学会讲有趣的故事"的多个侧面（见表1-4）。

表1-4 "学会给观众讲有趣的故事"任务群读写设计

核心驱动问题	总任务	最终成果
怎样创编一个有趣的故事？	讲述有趣的故事，创编有趣的故事。	《有趣的故事》书。
分解驱动问题	主任务	主产品（里程碑）
怎样通过矛盾设计人物，推进故事情节？	阅读、复述《慢性子裁缝和急性子顾客》，尝试构思有趣故事。	有趣故事的构思导图。
怎样设计"意想不到"的故事情节？	阅读、复述《方帽子店》，补充课外资料，尝试改进故事情节导图。	进一步改进丰满故事构思图。
怎样运用巧合、重复等表达形式，创编有趣故事？	阅读、复述《漏》，学习巧合、重复的表达方式。	创编绘本，进一步改进故事构思。
怎样抓住故事的多种表达方式讲述有趣的故事？	阅读、复述《枣核》，讲述有趣的故事。	趣味故事分享会。

续表

分解驱动问题	主任务	主产品（里程碑）
怎样综合运用故事的多种表达方式创编有趣的故事？	完成习作《这样想象真有趣》。	《有趣的故事》书。

3. 辐射结构

即系列学习任务之间有明显的主次之分，围绕一个核心任务重点展开，次要的学习任务向各方向辐射展开以支撑核心任务的完成，或在核心任务完成基础上再做拓展，紧紧围绕核心任务发挥聚合的力量。

比如"我的'校园年度汉字'（五年级下册第三单元）"，"字"述一年、"字"圆其说、"字"出新裁，三个任务紧紧围绕核心任务"推选我的'校园年度汉字'"展开，支撑核心任务的顺利、优质完成（见表1-5）。

表1-5 "我的'校园年度汉字'"任务群读写设计

核心驱动问题	总任务	最终成果
复盘2022年的校园生活，选择一个最具有代表性的汉字，"字"述一年，给已经过去和正在到来的校园生活一个亲切的问候吧！	推选"我的'校园年度汉字'"，并向他人宣讲。	"2022校园年度汉字"展示。
分解驱动问题	**主任务**	**主产品（里程碑）**
回顾2022年，哪个字最能成为我们的"校园专属汉字"？	"字"述一年：阅读公众号，讨论回忆，梳理学校年度事件，先个人确定"校园年度汉字"，再小组确定"校园年度汉字"。	年度事件个人调查表。校园年度事件台账。个人"年度汉字"推荐语。
汉字的来历以及演变过程中有哪些有趣的表达？	"字"圆其说：阅读教材及补充资料，了解汉字的表达历史、汉字的含蓄表达、汉字的艺术化表达、汉字的创造性表达。	"汉字的有趣表达"总结导图。

续表

分解驱动问题	主任务	主产品（里程碑）
怎么推荐"我的校园年度汉字"？以怎样的形式表达与呈现？	"字"出新裁：组内讨论如何推荐我的'校园年度汉字'，确定汉字表现形式；小组合作完成"我的校园年度汉字"展示板，撰写年度汉字推荐词，制作宣讲视频。	"年度汉字"小组手册。 "年度汉字"展示板。

三、外显层：任务群读写的方案呈现

有了以上两层的梳理，接下来就可以呈现学习方案了。根据不同"任务群读写"的特点和具体学情，可以呈现几种不同结构、水平的学习方案。我们不妨仍以前面提到的三年级下册第八单元"学会讲有趣的故事"为例加以说明。

1. 大任务观照下的"任务群读写"方案

这类方案就是根据课文特点，设置一个大任务，以情境、任务驱动学生去阅读课文，加工材料，做出产品，完成相关活动。（见表1-6）

表1-6　大任务观照下的"任务群读写"案例

任务群读写方案	说明
总任务："Three-one故事计划"，三年级同学给一年级小朋友讲述有趣的故事。 任务一：学习课文，抓住有趣的地方，复述故事； 任务二：拓展阅读，抓住有趣的地方，学习讲述； 任务三：迁移运用，创编有趣的故事； 任务四：选择一个故事，可以是课本中的，可以是课外书中的，可以是创编的，给一年级小朋友讲故事，注意语言、动作、表情等，把故事讲有趣，吸引一年级小朋友。可以一个人，也可以小组合作。	本单元教材编排分复述故事、讲述故事、创编故事三个层次，以上方案按"理解—探究—创造"的三层级链式结构进阶。

"Three-one故事计划"把"学会给一年级同学讲有趣的故事"作为对故

事结构的理解与故事情节相融共生的学科实践，具有统整性、真实性。

需要注意的是活动任务只是学科实践的外显，心理建构才是学科深度实践的内里，切忌本末倒置，热热闹闹关注故事表演、道具制作等，而忽视了故事本身表达的有趣性。

2.聚焦大概念的"任务群读写"方案

这类"任务群读写"方案就是根据单元课文的构成，对任务群内的各"课"实现功能区分，从不同角度理解和把握核心概念，可单元，可多篇聚合（见表1-7）。

表1-7 聚焦大概念的"任务群读写"案例

"任务群读写"方案	说明
总任务：我国50%的动漫作品亏本，究其原因，创作技术不比国际水平差，但忽略了最核心的故事，所以学会给观众讲有趣的故事很重要。 任务一："矛盾中见有趣"——《慢性子裁缝和急性子顾客》； 任务二："意外中见有趣"——《方帽子店》； 任务三："巧合中见有趣"——《漏》； 任务四：迁移运用，讲述有趣的故事——《枣核》《口语交际》； 任务五：创编有趣的故事——《这样想象真有趣》。	围绕"有趣故事的表达方式"，几篇课文分别从不同策略呈现出并列、递进、螺旋关系，共同实现任务群读写的目标。

这种方案的核心在于大概念和课文学习之间的整合与分解，关键在于保证单元学习的整体性和一致性。

3.大概念、大任务统领的"任务群读写"方案

这种方案就是在确定核心概念、基本问题后，进而设计出核心学习任务，建构结构化、情境化、项目化程度的学习方案（见表1-8）。

表1-8 大概念、大任务统领的"任务群读写"案例

任务群读写方案	说明
总任务：学会给观众讲有趣的故事。 任务一：尝试创编有趣故事。以习作为抓手，展开想象：动物发生怎样的变化（功能、样子、习性等）、会发生什么有趣的事情，试着写写故事"情节串"。 任务二：学习有趣的故事构思。1.学习课文，以图表、示意图等支架梳理故事，初步感受故事的有趣构思。2.拓展阅读，积累有趣故事构思的几种图式，如障碍式、探险式等。3.修改"情节串"，让故事构思更有趣。 任务三：学习有趣故事的表现手法。研读课文，补充资料，学习"矛盾、意外、巧合"的艺术手法。 任务四：完成有趣的故事，互评互改。	遵循"讲有趣故事"的认知规律，"尝试—学习—完成作品"，深度融合学科逻辑与心理逻辑。

这种方案在大概念、大任务的统领下，整合了学习情境、学习内容、学习资源，为读写的深入理解和迁移运用而教，对教和学的挑战比较大。

综上，内容选择—结构组织—方案呈现，形成"任务群读写"课程内容的行动逻辑。中介层、内隐层、外显层有机联系，构成一个多层次、多维度关联的任务群读写内容系统，呈现了任务群读写的多种样态：如ADG、AEG、AFG、BDG、BEG、BFG、AEH……（如图1-3）

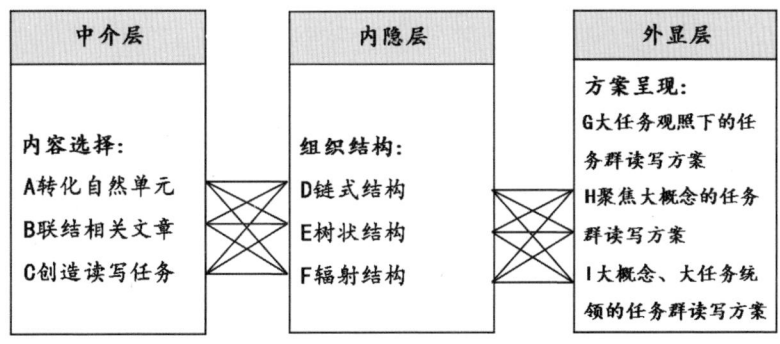

图1-3 "任务群读写"课程内容组织架构图

第三节 怎样展现过程的高投入、高认知和高表现？

如果说"任务群读写"的目标锚定确定了"学什么"，内容组织明确了"用什么学"，那么，接下来就要策划"怎么学"。这关系到任务情境、读写活动和评价建议。

一、任务化：真实而有意义的任务情境

"任务群读写"的第一个关键词就是"任务"。"任务群读写"的实施，首先要解决的是"任务化"或"情境化"的问题，只有通过真实而有意义的任务情境，才能激发学生自主、合作、探究的热情，学会运用语文知识解决实际问题。可以从三个维度入手建构任务情境：

1. 学科认知情境

学科认知情境指向的是探究语文学科本体相关的问题。比如四年级上册第五单元语文要素"了解作者是怎样把事情写清楚的，写一件事，把事情写清楚"，指向的是"把事情说清楚"的核心知识。

我们就将这种言语思维进行转化，创设了"生活中每天都会发生各种各样的事情，开心的、烦心的，家里的、学校的，现在的、以前的……让我们一起转动生活万花筒，分享一件自己印象最深刻的事情，不断积累，最后形成一本

《少年记事录》的任务情境。同样，本书第三章教学实录中"七巧板摆娃娃"的任务情境就是基于"叙事四要素"的学科认知情境而设置的。

再比如三年级下册第八单元，指向的是有趣故事的文学表达，我们就直接以"学会讲有趣的故事"作为任务情境。五年级下册第八单元指向"风趣幽默背后的语言智慧"，我们就以"来，幽默一下"为任务情境，阅读、搜集、整理、探究幽默语言背后的思维方式，并将知识应用于实践。

2. 个人体验情境

个人体验情境指向的是个性化的认知思维和情感体验。比如语文五年级下册综合性学习《遨游汉字王国》，我们就以"推荐校园年度汉字"为任务情境，梳理一年来发生在校园的事件、自己一年来在校园的生活体验，以自己的途径收集、理解，形成意义建构，然后以自己的方式表达，做出诠释，推荐独属于自己的"校园年度汉字"。

再比如五年级上册第一单元，我们就以合作创作《万物有灵》一书为任务情境，借物抒情、借物说理，分享自己的情感体验，运用不同方法创作文学作品。

3. 社会生活情境

社会生活情境指向的是社会生活，强调具体的生活场域。比如五年级上册第五单元"把事物说明白"，我们就结合当下社会热点，建设"云上博物空间"，互享好物。比如三年级下册第四单元，就以给结对学校的小伙伴寄明信片为切入口，介绍自己学校的景观。再比如四年级下册第四单元"我的动物朋友"，就从孩子们的日常生活入手，设置任务情境："如果有一天，你的动物朋友走丢了，怎么办？如果有一天你要出差几天，要请邻居帮忙喂养你的动物朋友，或者你要搬家，得请一位同学收养你的动物朋友，你会怎么介绍你的动物朋友呢？如果要抒发对小动物喜爱之情，你会怎么介绍？看来我们很有必要为'我的动物朋友'制作一本图文资料手册，以备不时之需。这次任务，我们就一起走进《宠物观察局》，寻找大开眼界的养宠瞬间。"

需要说明的是，我们从学科认知情境、个人体验情境、社会生活情境三个维度，提供任务情境建构的几种思路，只是为阐述方便。而在"任务群读写"的日常实施中，这几种思路是相互融合、三位一体的，一个"任务群读写"可以融合多种任务情境。

二、实践性：典型而具体的读写活动

"任务群读写"的第二个关键词是"读写"，设计典型而具体的读写活动是"任务群读写"实施的关键。

所谓"**典型**"是指设计的言语实践活动，能诠释并落实这个"任务群读写"的关键知识。所谓"**具体**"，是指实际的言语实践活动可理解、可操作、可评价，不露痕迹地预设达成学习目标必须的"台阶"，帮助学生把握关键知识。

根据变易理论，可以有以下四种设计策略：一是对照，重在让学生形成对事物的直观感受；二是类合，指让学生重点关注事物在变化中保持稳定的部分，把握住事物的共同特征；三是区分，指让学生重点关注事物中变的部分，把关键知识从整体中分离出来；四是融合，就是保持事物几个方面关键特征的同步变化，让学生在更为复杂的真实环境中理解这几个关键特征之间的关系，以及关键知识与整体之间的关系。我们可以通过不同的策略组合，开创多种样态的变易图式来策划读写实践活动。以下以"云上博物空间（五年级上册第五单元）"任务群读写为例具体说明。（详见本书第二章）

任务一：好物资料袋

学习活动一：启动项目，空间策划

1. 头脑风暴。好好想想，你想介绍什么事物？（各自写在小纸条上。小组交流。工作坊交流。理一理，形成大类，动物、植物……）

2. 空间策划。

（1）建立根目录。出示教材习作提示，继续打开思路，你又能想到什么？

继续补充，分别放进不同的类别中。

（2）讨论：通过刚才的碰撞，你认为"云上博物空间"可以分哪几个根目录？

3. 搜集资料。将收集的资料分门别类整理，放进档案袋，做好记号，以便查阅。这个收集整理工作贯穿整个任务的全过程。

这是类合，有利于打开观察的视角，让学生对介绍事物有比较直观的感受，提前积累素材。

学习活动二：抓住特点，制作思维导图

1. 抓住思维特点。自由阅读《太阳》，你了解了哪些信息？写在便利贴上。

2. 形成思维导图。理一理这些信息，课文从哪几个方面介绍《太阳》？形成导图。

学习活动三：方法入手，丰富思维导图

这样介绍清楚吗？继续走近太阳，说说这些说明方法有什么好处。补充导图，恰当运用打比方、作比较、列数字、举例子等说明方法把事物说明清楚。

这里采用了对照、区分、类合等多种转换机制，引导学生步步聚焦"如何介绍事物"的策略，积累相应写作图式。

学习活动四：阅读迁移，运用思维导图

1. 阅读迁移。阅读《鲸》，对照批注和课文内容，说说课文运用了哪些说明方法来介绍鲸的特点。制作一份思维导图，可以尝试多种形式的思维导图。

2. 运用导图。请选择身边的一个事物，试着运用多种方法来说明它的特征。比如电视塔，先收集资料，画画思维导图，计划从哪几个方面介绍它的特点，分别用什么说明方法。

3. 根据思维导图进一步收集素材、整理素材，不断丰富"好物推荐资料袋"，完善思维导图。

这是融合，将学习内容转化为有意义的学习经历，让学生在这个真实任务的经历中迁移运用，把握怎么介绍事物的关键知识。

任务二：好物推荐平台

学习活动一：话题引入，走进《松鼠》

学习活动二：对比阅读，发现秘妙

1. 外形描写。（略）

2. 树上筑巢。（略）

3. 活动繁衍。（略）

学习活动三：语言转换，内化秘妙

1. 语言转换。查找资料，试着将课文《白鹭》第2-5自然段改写成一段说明性文字，体会它们的不同。

2. 内化秘妙。回顾"好物资料袋"的素材、思维导图，哪些画面很吸引你，把自己的感受带进来，写一篇"好物推荐"文章。注意写清楚事物的主要特点，试着用上恰当的说明方法，可以分段介绍事物的不同方面。

学习活动四：丰富秘妙，园地展示

1. 丰富秘妙。有些同学的物品介绍遇到难题了，比如怎么泡酸菜等制作类的好物介绍，好像这样的思维导图都不是很适用。阅读《风向袋的制作》，学习制作类说明文的说明顺序。再看教材"习作"中的表格提示，这些题目还给你什么启发？（自述、拟人）

2. 平台展示。

任务三：云上博物空间

学习活动一：拓宽视野，空间建设

学习活动二：链接生活，空间使用

这里综合运用了对照、区分、类合、融合等策略，在"同"与"不同"中改变、建构着学生介绍事物的认知图式，一步步内化介绍事物的秘妙，完成任务。

以上案例可以看出，对照、区分、类合、融合等策略，其实已经融合了阅读与鉴赏、表达与交流、梳理与探究三种言语实践，引导学生在真实、富有意义的学习情境中，逐渐学会运用语言文字解决现实问题。

三、多元化：系统而完整的评价机制

"任务群读写"是核心素养取向的教学，指向素养目标的落地，其评价自然要指向核心素养，体现素养的统整性。伴随着"任务群读写"的进程，三种类型的评价自然地嵌入，与学习融为一体。

1. 作为学习的评价

作为学习的评价强调评价作为学习进程和促进学习的诊断、发展的意义，贯穿"任务群读写"始终。主要包括两类：一是学习实践类的量规，指向通用的合作能力、创新创造、批判性思维等。这些量规包含共通的维度，可以根据项目目标和学生的年段将结构化模板进行适当调整，借鉴转化使用（见表1-9）。

表1-9　学生自我评价表

能力标准	任务	评价
我会倾听 （认真倾听，给予意见）	1. 同学发言时，我会认真倾听。	☆☆☆
	2. 有不明白的地方，我会有礼貌地提问或补充。	☆☆☆
我会搜集、整合 （搜集资料，有效整合）	1. 能认真搜集动物资料，获取相应信息。	☆☆☆
	2. 我会将搜集到的信息进行有效整合。	☆☆☆
我会合作 （分工合作，团结互助）	1. 做到分工合作，做好自己的职责。	☆☆☆
	2. 我和组员交流、分享我最喜欢的动物。	☆☆☆
我会写话 （整合素材，突出"有趣"）	1. 能够根据搜集到的小动物的信息，完成动物明信片（图文）。	☆☆☆
	2. 能够根据资料，完成动物介绍卡（文字）。	☆☆☆

续表

能力标准	任务	评价
我会交流 （大胆表达，条理清楚）	1. 能在组内分享自己认为最有趣的动物，并做到表达清楚。	☆☆☆
	2. 能向全班介绍自己认为最有趣的动物，并能简单解答疑惑。	☆☆☆
我会反思	在本次学习中，我学会了_____。 我还有哪些问题？我觉得在_____ 这个环节我还能做得更好。	☆☆☆

二是在评价过程中除了课堂观察外，有意识地收集学生在任务群读写实践中的过程性成果，如记录表、观察表、课后作业、资料档案等，及时提供有针对性的反馈，并给予犯错和改错的空间，指导学生获得持续的改进。不赘述。

2. 促进学习的评价

促进学习的评价指向的是"任务群读写"中的里程碑：评估当下的进程，回望解决的问题，判断后续的方向。

以"'云上博物空间'"（五年级上册第五单元）为例，伴随"任务群读写"的进程，我们在重要的子任务中设置了关键的评价节点。

节点一：好物资料袋。我们在教室的一个区域展示学生收集的资料，以及绘制的思维导图。组内、组间交流评选，及时反馈，反思自身不足，修正成果。

节点二：好物推荐平台。我们在班级微信公众号展示学生的好物推荐，老师、学生、家长都可以在平台留言评价、点赞。评价平台的扩大意味着评价主体的多元化，也催化了"实用性阅读、交流"与社交媒体的融合。

节点三：好物博览空间。我们与真实世界中的专家、用户形成评价共同体。这些真实和模拟的用户，以及来自真实世界中的软件工程师等专家的参与，能促进成果的优化。

可见，评价不是学习的终结，而是学习的加油站，是一种反思性的学习，是学习改进的一环，能支持学生不断优化成果。

3.关于学习的评价

关于学习的评价是对"任务群读写"成果与任务群读写目标达成进行的总结性评价。这就要求我们准确把握"任务群读写"的任务目标，紧扣关键维度制定合适的评价量表。我们以"一起去探险吧"（五年级下册第六单元）为例简要说明制定评价量表的操作步骤。

首先，明确评价目标，确定起主要作用的核心要素。师生协商"你认为好的探险游戏文案应该是怎样的"，包括：（1）场景吸引人，遭遇很神奇；（2）情节吸引人，一波三折，解决了一个险情又冒出另一个险情，引人入胜；（3）解决困境有思维含量。

其次，为每一个要素建立不同水平的量规（见表1-10）。

表1-10 《探险游戏文案》设计评价量表

评价内容	具体描述	水平
场景	能体现场景的地方特点，有画面感，能把参与者带进场景中。	3
	有序写出场景，基本上能体现场景特点。	2
	体现场景特点上有点泛泛而谈，需再努力。	1
困境	设置的困境让人有代入感，让人身临其境，有创意。	3
	能设置困境，同时能较详细地创设困境氛围。	2
	能写出两三个困境，但较为平淡，在紧张的困境氛围描述上需再努力。	1
情节	一波三折，以波浪式推进，环环相扣，引人入胜。	3
	有"遇险—解困—再遇险—再解困"的情节设计，但情节推进较为平常。	2
	情节较为平淡，未能更好地展开故事游戏场景，尚需努力。	1
思维	解除险情的过程有"分析、比较、辨别、创新"的思维过程，体现较高的思辨能力。	6
	接触险情有一定的方法，能分析问题，基于条件解决问题的过程、体现的思维层级一般。	4

续表

评价 内容	具体描述	水平
思维	接触险情基本上停留在巧合、意外等情节，没能体现较高级的思维含量。	2
总评 等级	优秀：13—15 分；良好：10—12 分；合格：6—9 分。	

最后，运用量表进行试评、协商并修改。

这样，学生从一开始就参与到讨论什么是好的过程中，提前了解评价标准、这些评价标准将会成为有效支持学生学习的"脚手架"，既可以为学生的学习提示路径和提供支持，又可以让教师基于此表实施反馈、评价。

第二章
"任务群读写"方案设计

实用性阅读与交流

"云上博物空间"
——五年级上册第五单元

【任务群读写概述】

世间万物，都有各自存在的意义。正是这些平凡的事物，成了我们生活的重心。五年级上册第五单元是一组说明文的习作单元，要求学生学会搜集资料，并用恰当的说明方法，把某一件事物介绍清楚；侧重实用功能，归属"实用性阅读与交流"学习任务群。

从教材的学习资源来看，整组课文围绕"说明文以'说明白了'为成功"螺旋式展开：

1. 抓住事物的特点。《太阳》的课后题1："默读课文，想一想：课文从哪些方面介绍了太阳？太阳对人类又有哪些作用？"《松鼠》的课后题1："默读课文，把从课文中获得的有关松鼠的信息分条写下来。"交流平台的第三自然段："说明性文章通常抓住事物鲜明的特点进行具体说明，使我们清楚地了解事物。"以上都在提醒我们要抓住事物的鲜明特点并归类，才能使人清楚地了解事物。

2. 恰当运用说明方法。为了把抽象、复杂的事物说清楚、明白，往往要使用打比方、列数字、举例子、做比较等说明方法。两篇精读课文《太阳》《松鼠》和一篇习作例文《鲸》都指向对说明方法使用效果的体会。"交流平台"第二自然段是对说明方法的总结，"初试身手"第一题和习作都指向说明方法的运用。

3. 说明角度和顺序。第二篇习作例文则指向制作类的说明文。如何把制作过程介绍清楚，这又是"把事物说明白"的另一线索。说明一种事物可以按时间顺序、空间顺序、逻辑顺序——这不是本任务群读写的重点部分，但却是说明文类型的重要知识，为初中八年级下册第二单元《说明的顺序》打下基础。

4. 语言风格。"初试身手"第二题要求将散文《白鹭》改成说明文，表面上看是两种不同文体的转换，实际上是文艺类语言风格向科学类语言风格的转换。"交流平台"第四条也对说明文的语言风格进行了总结。这是读者意识，怎么让别人对你介绍的事物产生兴趣。说明文的语言风格多样，可平实，可活泼。无论哪种风格，描述都要正确、清楚、有条理。

综上，我们基本上明白了把事物"说明白了"的基本思路：抓住事物主要特点是"说明白了"的基础，使用恰当的说明方法、顺序是"说明白了"的关键部分，选用合宜的"语言风格"让人喜欢你介绍的事物是"说明白了"的延展。

从学情来看，五年级上册的这个单元，虽然是学生第一次系统阅读与写作说明性文章，但学生在前期的观察记录、基于文献写作等，都为本"任务群读写"打下了搜集、整理、资料归类的基础。难点在于怎么"说明白了"。

【任务群读写目标】

1. 学习课文如何抓住事物的主要特点介绍一种事物，结合语境识字。制作"好物资料袋"，观察并查阅要介绍的事物的材料，并根据需要合理选择、归类、呈现事物特点。

2. 学习如何根据对象类型，合理使用说明方法和顺序，把事物介绍得清楚、有条理。根据介绍目的，选用合适的语言风格，在"好物推荐园地"展示，争取让别人喜欢上你介绍的事物。

3. 通过建立"云上博物空间"，链接生活，完善、维护、用好博物空间，逐步产生对万物的敬畏之情。

【任务群评价建议】

1. 作为学习的评价

能合作、会倾听,积极参与活动过程,能认真搜集、整理信息。

课堂表现认真积极,研究过程中积累的阅读批注、记录等资料,阅读过程中图表、示意图等支架,片段作业等。

2. 促进学习的评价

详见各评价节点阶段性成果的评价标准。

3. 关于学习的评价

详见"好物推荐"平台成果评价量表。

【驱动性问题】

信息时代,信息科技课上我们学了 Frontpage 网页制作,信息科技老师想邀请你们一起参与建立一个"云上博物空间",向别人分享一种事物。

【任务群读写设计】

依据教材文本和任务群读写的需要,将大任务分解为三个小任务,互为联系、不断推进,呈"递进"结构。

表2-1 "云上博物空间"任务群读写设计

核心驱动问题	总任务	最终成果
怎样把事物说明白?	建一个"云上博物空间"。	云上博物空间。
分解驱动问题	主任务	主产品(里程碑)
怎样抓住事物的主要特点介绍一种事物?	观察并查阅要介绍事物的材料,选择、归类,合理使用说明方法和顺序,把事物介绍清楚。	好物资料袋。
怎样选用合适的语言风格,让别人喜欢上你介绍的事物?	抓住主要特点,根据对象类型,合理使用说明方法、说明顺序和语言风格,介绍事物。	好物推荐平台。

续表

分解驱动问题	主任务	主产品（里程碑）
怎样用好云上博物空间？	链接生活，完善、维护、用好云上博物空间，逐步产生对万物的敬畏之情。	云上博物空间。

任务一：好物资料袋

学习活动一：启动项目，空间策划

1. 头脑风暴

（1）启动项目。世间万物都与我们的生活息息相关。信息科技老师想建立一个"云上博物空间"，邀请大家一起参与，你们愿意吗？

（2）讨论标准。大家来讨论一下，怎么建设一个好的网站？（根目录要清晰，便于查找。介绍的事物要丰富。介绍要清楚，吸引人……）

2. 空间策划

（1）建立根目录。好好想想，你想介绍什么事物？（各自写在小纸条上。小组交流，工作坊交流。理一理，形成大类，动物、植物……）（出示教材习作提示）继续打开思路，又想到什么？继续补充，分别放进不同的类别中。（可以与动物有关、与植物有关、与物品有关、与美食有关，或其他感兴趣的内容。）

（2）讨论：通过刚才的碰撞，你认为"云上博物空间"可以分哪几个根目录？

3. 收集资料

（1）介绍一种事物，可以是自己手头的事物，那就要认真观察、探究，及时做好记录；可以是感兴趣的事物，那就可以通过搜索相关资料，记录来源、摘要，划出重点，做做批注。选好你要介绍的事物，做好观察、搜集与记录。

（2）将收集的资料分门别类整理，放进档案袋，做好记号，以便查阅。这个收集整理工作贯穿整个任务的全过程。

学习活动二：抓住特点，制作思维导图

1. 抓住特点

自由阅读《太阳》，了解了哪些信息？写在便利贴上。

2.形成思维导图

理一理这些信息，课文从哪几方面介绍《太阳》？形成思维导图（略）。

学习活动三：方法入手，丰富思维导图

1.方法入手

（1）圈画出描写每一个特点的相关词句，想想课文用了什么说明方法。

（2）说说这些说明方法有什么好处。比如——

列数字：太阳离我们约有一亿五千万千米。（"一亿五千万千米"的数据，就能让我们具体感受到太阳离地球的距离非常非常远。）

列数字、举例子：到太阳上去，如果步行，日夜不停地走，差不多要走三千五百年；就是坐飞机，也要飞二十几年。（用了具体的数字，还举了例子，一下子将这个"远"说得更清楚了，给大家留下了深刻的印象。）

作比较：约一百三十万个地球的体积才抵得上一个太阳。（用熟悉的地球和太阳作比较，就很容易讲清楚太阳的大了。）

打比方：太阳会发光，会发热，是个大火球。（把太阳比作大火球，就很形象地说明了太阳很热。）

列数字、举例子：太阳的温度很高，表面温度有五千多摄氏度，就是钢铁碰到它，也会变成气体。（"五千多摄氏度"的数字说明了太阳的温度很高，"钢铁碰到它，也会变成气体"的例子更贴切生动地说明了太阳的温度确实很高。）

2.丰富思维导图

补充思维导图，恰当运用打比方、作比较、列数字、举例子等说明方法把事物说明清楚。

学习活动四：阅读迁移，运用思维导图

1.阅读迁移

阅读《鲸》，对照批注和课文内容，说说课文运用了哪些说明方法来介绍鲸的特点。制作一份思维导图——可以尝试多种形式的思维导图。

2. 运用导图

导图可以帮助我们整理思路，把事物讲清楚。请选择身边的一个事物，试着运用多种方法来说明它的特征。比如电视塔：先收集资料，画画思维导图，想想你打算从哪几方面介绍它的特点，分别用什么说明方法。

3. 相互评价

根据思维导图进一步收集素材、整理素材，不断丰富"好物推荐资料袋"，完善思维导图。

表2-2 "好物资料袋"阶段成果评价表

评价要素	具体描述	自评			终评		
		3	2	1	3	2	1
资料收集	聚焦要推荐的事物收集资料，并整理归类，然后归档。						
阅读记录	能认真阅读收集的资料，标出关键与重点的信息，可以做点批注。						
思维导图绘制	能清晰反映事物的几方面的特点，逻辑自洽，针对不同特点选择适合的说明方法，说明清楚。						

任务二：好物推荐平台

学习活动一：话题引入，走进《松鼠》

1. 话题引入。

通过这段时间的收集，我们的好物资料袋的内容是越来越丰富了，是不是有点迫不及待想把自己的好物推荐给大家了？怎么在介绍清楚的基础上，让别人对你介绍的事物产生兴趣？吸引人很关键。

2. 走进《松鼠》

（1）学习生字"鼠"。

（2）默读课文，把从课文中获得的有关松鼠的信息分条写下来。

学习活动二：对比阅读，发现秘妙

1. 外形描写

（1）对比阅读。

出示句子：

> 松鼠是一种漂亮的小动物，乖巧，驯良，很讨人喜欢。它们面容清秀，眼睛闪闪发光，身体矫健，四肢轻快。玲珑的小面孔，衬上一条帽缨形的美丽尾巴，显得格外漂亮。它们的尾巴老是翘起来，一直翘到头上，自己就躲在尾巴底下歇凉。它们常常直竖着身子坐着，像人们用手一样，用前爪往嘴里送东西吃。可以说，松鼠最不像四足兽了。
>
> ——课文《松鼠》

> 松鼠体形细长，体长17—26厘米，尾长15—21厘米，体重300—400克。
>
> ——《中国大百科全书》（第二版）

读读看，发现有什么不同？（同样是外形描写，布封的描写生动，百科全书简洁精确。）

（2）发现秘妙。

①再读第一段，给松鼠画画像。（面容、身体、尾巴、坐相，边说边组合成图）。什么感受？（画面感很强，可以把人带到这个画面中。）

②这个画面中，有一样东西特别突出。（出示：玲珑的小面孔，衬上一条帽缨形的美丽尾巴，显得格外漂亮。它们的尾巴老是翘起来，一直翘到头上，自己就躲在尾巴底下歇凉。）"帽缨"见过吗？（出示图片）怎么像？（尾巴翘起来，一直翘到头上，样子很像；手感很像，都是软软的。）再看看戴帽子的女人，还有什么像？（气质高雅，身份高贵）

③难怪作者写道："可以说，松鼠最不像四足兽了。"这样的松鼠吸引你吗？作者是怎么让你感兴趣的？（画面，加上自己的感受，把松鼠当作人，把我们也带了进来。）

2.树上筑巢

(1)对比阅读。

出示句子:

　　松鼠的窝通常搭在树枝分杈的地方,又干净又暖和。它们搭窝的时候,先搬些小木片,错杂着放在一起,再用一些干苔藓编扎起来,然后把苔藓挤紧、踏平,使那建筑物足够宽敞、足够坚实。这样,它们可以带着儿女住在里面,既舒适又安全。窝口朝上,端端正正,很狭窄,勉强可以进出。窝口有一个圆锥形的盖,把整个窝遮蔽起来,下雨时雨水向四周流去,不会落在窝里。

——课文《松鼠》

　　松鼠在树上筑巢或利用树洞栖居,巢以树的干枝条及杂物构成,直径约50厘米。

——《中国大百科全书》(第二版)

(2)发现秘妙。

圈出动词。(把筑巢的动作展开来,让我们看到了场面,很有画面感。)

窝的样子也很有画面感。

3.活动繁衍

(1)对比阅读。自由读课文第2、3、5小节,用简洁的"百科全书式"的语言,你会怎么说?

(2)发现秘妙。对比一下,怎么介绍让人更感兴趣?(把画面展开来更有画面感。)

学习活动三:语言转换,内化秘妙

1.语言转换

查找资料,试着将课文《白鹭》第2—5自然段改写成一段说明性文字,体会它们的不同。

2.内化秘妙

（1）总结写法：画面感能把别人带进来，如果再加上自己的感受，介绍的事物就更吸引人了。

（2）回顾"好物资料袋"的素材、思维导图，哪些画面很吸引你，把自己的感受带进来。写一篇好物推荐文章。注意写清楚事物的主要特点，试着用上恰当的说明方法，可以分段介绍事物的不同方面。

学习活动四：丰富秘妙，平台展示

1.丰富秘妙

（1）有些同学发现介绍物品时遇到难题了，怎么泡酸菜等制作类的好物介绍，用这样的思维导图都不是很适用。

（2）阅读《风向袋的制作》，学习制作类说明文的说明顺序。

（3）再看教材"习作"中的表格提示，这些题目还给你什么启发？（自述、拟人）

2.园地展示

所有的推荐作品发布在班级公众号，教师、家长、学生都可以参与评价、发布留言，互相学习，修改完善"好物推荐平台"。

表2-3 "好物推荐平台"评价标准

评价内容	评价标准	自评	他评	总评
基本要求 （3分）	誊写无错别字。			
	正确使用标点符号和修改符号。			
	使用钢笔或水笔书写，字迹工整，少涂改。			
构思及语言 （6分）	抓住特点从几个方面介绍，有一定的顺序。			
	恰当运用说明方法介绍事物特点。			
	别人对你介绍的事物产生兴趣，获得知识。			

续表

评价内容	评价标准	自评	他评	总评
加分项 （1分）	题目及介绍富有创意，有吸引力。			

任务三：云上博物空间

学习活动一：拓宽视野，空间建设

1. 拓宽视野。"做世界的眼睛"，思路继续打开，古往今来、天上地下、世间万物、静的动的、衣食住行……

2. 建设空间。讨论怎么在"根目录"下设置若干层级的子目录，形成纵横交错的网络系统。完成网页建设，包括网站标题、菜单栏设计（精练的语言、对称的字数）、网页美化、排版等。有条件的可以用 Frontpage 制作网站，发布链接二维码。下一年级继续阅读、补充网站。

学习活动二：链接生活，空间使用

1. 资料补充。根据现有目录，可以不断补充，不断完善自己的博物空间。

2. 好物分享。可以作为搜索总站，与其他网站链接，便于人们搜索购物，为直播带货打开思路。

3. 以物会友。把自己喜爱的物品分享出来与人共享，以物会友，找到有共同兴趣、志同道合的朋友。

我的"校园年度汉字"
——五年级下册第三单元

【任务群读写概述】

五年级下册第三单元是综合性学习单元，以"遨游汉字王国"为主题，设置了"汉字真有趣""我爱你，汉字"两个活动板块，以汉字和汉字文化为主要内容，综合了材料阅读、趣味活动、书法欣赏、资料搜集、调查研究、研究报告写作等学习内容，具有较强的实践意义，归属"实用性阅读与交流"学习任务群。

综合性学习显然不是学习零散的知识，而是需要围绕有结构、有联系的核心概念进行学习，用高阶学习包裹低阶学习；学生通过学习材料完成学习任务，进而理解知识背后更一般的规律。关联教材资料可以发现，这些内容其实是围绕"有趣的汉字表达"，大概包含了这么几层内容：

1. 汉字的表达历史

用《甲骨文的发现》《汉字字体的演变》《有趣的形声字》《制定国家通用语言文字的必要性》等囊括了文字学史上的几个关键时期。

2. 汉字的含蓄表达

谜语、拆字游戏、歇后语、谐音等，有的在语言现象本身，有的镶嵌在故事中，均为根据汉字的字形、字音特点进行的创作。

3. 汉字的艺术表达

由楷书、行书、草书等字体构成的《千字文》片段书法，以及教材安排的清代书法家那桐撰写的"清华园"匾额、清代文字学家孙怡让所书的剪纸、扇面以及齐白石所刻的闲章"江南布衣"等，都是汉字的多样化的艺术表达形式。

4.汉字的创造性表达

为更好地体现时代感，我们还有必要再补充当下时兴的"汉字游戏"以及"汉字的创造性表达"等相关阅读资源。

多种有趣的汉字表达，其核心知识是"汉字是音、形、义统一"的特点。"汉字的表达历史—汉字的含蓄表达—汉字的艺术表达—汉字的创造性表达"，结构化的学习内容几乎已经涉及汉字的方方面面，为小学生初步了解汉字的基本情况，以及进一步完成"任务群读写"提供了开阔的视野。

五年级学生通过第一、二学段的学习积累了一定的汉字知识。然而，学生对汉字的文化了解较少，虽对调查研究和研究报告有接触、对研究报告的基本格式有一定的直观了解，但要完成推荐校园年度汉字的读写任务，涉及的研究方法、资料整理和研究结论等，还会有一定难度。

【任务群读写目标】

1.通过阅读、查询、交流，感受汉字的趣味，明白"六书"是汉字造字的方法，了解汉字文化，产生喜欢汉字、研究汉字的兴趣，学习撰写研究报告，并为汉字的规范使用做一些力所能及的事情。

2.运用文字掌握、吸收、交换和整合信息，选择不同的表达形式推荐"我的'校园年度汉字'"，在实践应用中盘活汉字知识，进而形成语言能力，提高文化自信。

3.在推荐"我的'校园年度汉字'"具体表达情境中，回顾和总结一年来学校重要事件，表达师生的奋斗足迹和学校成长历程。

【评价建议】

1.作为学习的评价

小组能较好地组织展开讨论；讨论氛围积极，合作融洽；讨论有效果，分工明确，能较好地完成任务单。

有意识地收集学生实践过程中的表现证据：事件梳理表、汉字诠释等，搜集资料、分类整理资料。根据表达、反思等实际表现及时反馈指导。

2. 促进学习的评价

完成成果的过程有分有合，根据需要请教相关老师，在老师帮助下进一步查阅丰富资料，深入探究、不断修订，完善个人成果，并形成小组成果（具体见各评价节点和相应的评价标准）。

3. 关于学习的评价

各小组展示"我的'校园年度汉字'"作品，介绍研究过程和研究成果，相互评价，也认真记录他人的意见和观点。评出"最佳合作小组""最具创意小组"等，并投票选出最能引发共鸣的"校园年度汉字"（具体内容见详细的成果标准）。

【驱动性问题】

2022年是不平凡的一年，这一年，"我""我们"与你相遇，和校园相伴。哪些记忆相互联结，又有哪些碎片珍藏于心？哪个字词，可胜过千言万语，凝结三百六十五天的喜乐悲欢，诉说你心底的记忆？让我们跟着"我的'校园年度汉字'"，通过"字"述一年的方式，给过去和未来的校园生活一个亲切的问候吧！

【任务群读写设计】

依据教材文本和"任务群读写"的需要，将大任务分解为三个小任务，互为联系，不断推进，呈"递进"结构。

表2-4 "我的'校园年度汉字'"任务群读写设计

核心驱动问题	总任务	最终成果
复盘2022年的校园生活，选择一个最具有代表性的汉字，"字"述一年，给已经过去和正在到来的校园生活一个亲切的问候吧！	推选"我的'校园年度汉字'"，并向他人宣讲。	"2022校园年度汉字"展示。

续表

分解驱动问题	主任务	主产品（里程碑）
回顾2022年，哪个字最能成为我们的校园专属汉字？	"字"述一年：阅读公众号，讨论回忆，梳理学校年度事件，先个人确定"校园年度汉字"，再小组确定"校园年度汉字"。	校园年度事件个人调查表。校园年度事件台账。个人"校园年度汉字"推荐语。
汉字的来历以及演变过程中有哪些有趣的表达？	"字"圆其说：阅读教材及补充资料，了解汉字的表达历史、汉字的含蓄表达、汉字的艺术化表达、汉字的创造性表达。	"汉字的有趣表达"总结思维导图。
怎么推荐"我的校园年度汉字"？以怎样的形式表达与呈现？	"字"出新裁：组内讨论，如何推荐"我的'校园年度汉字'"，确定汉字表现形式；小组合作完成"我的'校园年度汉字'"展示板，撰写"校园年度汉字"推荐词，制作宣讲视频。	校园年度汉字小组手册。年度汉字展示板。

任务一："字"述一年

学习活动一：创设情境，复盘校园

1. 情境导入

（1）创设表达情境。观看百度百科视频介绍，了解"年度汉字"的含义。（"年度汉字"就是一年内最具有代表性的汉字。换句话说，就是看到它就能想起一年里印象最深刻的场景。）一个汉字，胜过千言万语；一个汉字，包含时事万千。

（2）引出驱动性问题。复盘2022年的校园新变化，选择一个最能代表我们学校的专属汉字，"字"述一年，给过去和未来的校园生活一个亲切的问候吧！

2.复盘校园

（1）梳理年度事件。回顾2022年，校园发生了新变化，你发现了吗？这些新变化给你带来了什么样的感受？你又有怎样的想法？

学生通过查找资料、调查访谈等多种途径，回顾和总结一年来校园学习、生活和教师工作，以及过去一年内发生的热点事件，完成《校园年度事件调查表》。

表2-5 校园年度事件调查表

可以采取不同的方式，了解本年度的校园大事，如：查阅学校微信公众号、网页搜索、班级走访调查、访问老师……

方式 （公众号/访问/其他）	日期	重要事件	感受随记

（2）小组交流，汇总校园事件，完成校园年度事件台账。

表2-6 "年度事件台账"评价建议表

评价	年度事件台账描述	小组表现
优秀	能很好地捕捉年度事件、归类提炼，表达深刻的个人感受。	计划达成一致，分工、合作明确。
良好	能分类整理，抓住年度典型事件，表达自己的独特感受。	分工、合作展开有序但不多。
合格	基本上梳理了校园年度事件，有一定的自我感受。	分工、合作不太明确。

学习活动二：专属汉字，"字"述一年

1. 个人推荐

一封封喜报纷至沓来，一系列活动精彩纷呈，就连校园环境变化也充满惊喜，这些记忆无不见证着学校的成长。根据搜集到的事件台账想一想，如果让你用一个字总结即将过去的一年、展望新的一年，你会如何选择？请将校园专属汉字写下来，结合资料说明推荐理由。学生完成个人年度汉字推荐表。

2. 小组推荐

组内分享自己心目中的"校园年度汉字"以及推荐理由，讨论确定组内最佳"校园年度汉字"。

任务二："字"圆其说

学习活动一：知识建构，学习表达

1. 表达历史

（1）汉字字体的演变。（出示2023年度两岸民众推选的年度汉字"融"）仔细看，发现了什么？（它们的字体不一样。）

（2）理一理时间轴。（出示教材材料"汉字字体的演变"）重点了解甲骨文的发现。（甲骨文就是刻在龟壳和兽骨上的字。以形表义是汉字很重要的特点。）

2. 含蓄表达

（1）学习造字方法。（播放造字视频）看了视频，你又了解到汉字的哪些特点？（汉字中有很多形声字，占89%以上。汉字有象形、会意、指事、形声等多种造字方法。）

（2）字谜的表达。（出示字谜阅读材料）猜出几个？同学之间交流一下。创作字谜：先把汉字拆一拆，然后通过加一加、减一减、联一联，就能创作出字谜来了。用上这些方法编一个字谜，可以是文字谜，可以是图画谜，还可以把谜语藏在故事里。（小组内每人选择一种方式编个字谜；组内交流，修改，小组派代表交流。）

（3）游戏的表达。阅读补充资料《有意思的大单元识字》"汉字游戏"单元，了解纸牌游戏、风车游戏、拼字游戏等，玩一玩、编一编汉字游戏。

3. 艺术表达

（1）书法欣赏。(出示阅读材料"书法欣赏"，补充阅读"中国知网""汉字书法艺术"相关文章片段：汉字的形体也能反映艺术家的思想情感，如米芾笔下的"山"苍劲有力、气势恢弘，与他的山水画神韵非常相似。而在郑板桥笔下的"心清水浊，山矮人高"中的"山"，却是那么单薄、矮小。)再欣赏上述书法家写的年度汉字"融"，用心去感受，你感受到什么了？

（2）艺术表达。(出示汉字剪纸艺术、篆刻艺术、扇面、牌匾艺术等图片，汉字的"形象性"为它的艺术气质奠定了基础。)

4. 创造表达

（1）利用谐音。2019年在网上流传的年度汉字"难"的表达，利用"南"和"难"的谐音。(出示阅读材料《有意思的谐音》《"枇杷"和"琵琶"》，很多的歇后语就是利用了谐音的特点，很多的汉字笑话也是来源于汉字的谐音。)

（2）脑洞大开。看看图片，说说在表达什么？

（难上加难；被难倒了；左右为难；没钱真难。）

学习活动二：汉字研究，迁移表达

1. 确定方案

（1）填写计划表。我们已确定好了各小组最能代表校园的年度汉字，那怎么将这个汉字推荐给别人，让其他同学、老师以及家长透过这个字了解我们校园这一年呢？请各小组进行合理分工，填写活动计划表。

（2）查询汉字资料。各小组分工搜集相关资料，如这个字的字源、书写形式、背后的故事、校园事件中最能体现这个字的图文资料等，撰写研究报告。

（3）制作汉字手册。整合筛选资料，制作年度汉字手册。

表2-7　校园年度汉字活动计划表

请根据你们小组确定的校园年度汉字，完成以下活动计划表吧！

查阅资料清单	
1. 查阅《汉字图解字典》关于这个字的字源字理。（　）	
2. 查阅和这个汉字有关的字谜、古诗文、歇后语等文化知识。（　）	
3. 查阅和这个字有关的历史故事。（　）	
4. 查阅这个字不同的艺术表现形式。（　）	
5. 查阅和这个字有关的其他资料。（　）	
6.＿＿＿＿＿＿＿＿＿＿＿＿＿＿＿＿＿＿（　）	
7.＿＿＿＿＿＿＿＿＿＿＿＿＿＿＿＿＿＿（　）	
活动分工	
负责人	任务

2.绘制初稿

（1）如果要推荐年度汉字、引起大家的共鸣，我们要以怎样的表达形式将这个汉字的背后能折射出这么多的内涵呈现出来呢？你觉得还要进一步研究这个字的哪些方面？回忆汉字的有趣表达，鼓励以创造性表达形式来体现，个人绘制年度汉字初稿。

（2）组内讨论，推荐最佳表达形式。

（3）全班交流反馈，组内迭代确定作品最终呈现形式。

任务三："字"出新裁

学习活动一：完善推荐，制作展板

1.完善推荐

（1）补充阅读"年度汉字"推荐语，发现了什么？（写出"年度汉字"的内涵、汉字表达的千言万语。）

（2）组内合作，修改完善"校园年度汉字"推荐语。

2.制作展板

小组利用现有工具，合作完成"我的'校园年度汉字'"展板。

3.全班展示，点评

学习活动二：宣讲展示，投票聚焦

1.准备宣讲

整合已有的成品，实地取景，制作宣讲视频。将视频二维码粘贴在展板右下角。

表2-8 "校园年度汉字"推荐评价表

评价	评价描述
优秀	1.汉字能很好地反映年度校园记忆，推荐语能很好地诠释汉字内涵，延展汉字文化。推荐语有层次，较有文采。2.视频图文配合恰当，配音流畅，感情充沛。
良好	1.汉字能较好地反映年度校园记忆，推荐语能较好地诠释汉字内涵，延展汉字文化。表达有层次。2.宣讲视频图文并茂，较恰当，配音流畅。
合格	1.汉字基本上能反映年度校园事件，推荐语能基本诠释汉字内涵。表达有层次。2.宣讲视频图文并茂，配音准确。

2.全班投票

推选本班最能代表我的校园的"校园年度汉字"。

3.全员投票

6个年度汉字宣讲团队进行宣讲展示，全校推选出一个最能代表"我们"学校的"年度汉字"。

（如2022年，通过全员投票评选，选出了"秀、博、绿、思、智、创、展、燃、丰、试、彩、润、喜、趣、艺、童、奋"等17个凝聚着大家智慧的汉字，最终"绿"字以高票当选2022年度"校园年度汉字"。这些汉字铭刻着学校的发展愿景，反映着学校成长的足迹，彰显着学校的办学特色，也成为了温州市第二实验小学特有的文化符号。）

学习活动三：发布成果，布置校园

1. 撰写序言。如：校园年度汉字，市第二实小温润的记忆年轮，勾画了校园的年度表情，投射了师生的年度感受，收藏了成长的点滴温暖，积淀了市第二实小的幸福梦想……

2. 展示海报

将同学们推选出来的"校园年度汉字"海报张贴在校园的围墙外，只要扫描海报上的二维码，就可以观看相关推荐视频。让海报成为社会了解温州市第二实验小学的一扇窗口，用汉字构筑起校内校外交流的桥梁和纽带。这在增进同学们对校园文化认同感的同时，也增强了中国汉字的传播力、影响力。

3. 布置汉字墙

一整面的汉字墙通过拼凑的方式，向全校师生深入浅出地传递中国汉字文化，让大家更加了解凝聚着校园文化精神的一笔一画，也在潜移默化地启发学生们探索学习汉字的奥秘。

文学阅读与创意表达

做一本旅游手账
——三年级上册第六单元

【任务群读写概述】

三年级上册第六单元的人文主题为"我爱你，壮美山河"，语文要素"借助关键语句理解一段话的意思。习作的时候，试着围绕一个意思写"聚焦的核心知识是"围绕一个意思表达"，归属"文学阅读与创意表达"学习任务群。

教材安排的三首写景古诗和三篇写景记叙文，虽然内容不同，文体差异也大，但焦点是一样的。我们不妨一起走进课文，解读"围绕一个意思表达"更深层次的语言秘妙。

1. "围绕一个意思表达"的构篇

《富饶的西沙群岛》《海滨小城》《美丽的小兴安岭》三篇课文，都各围绕一个意思以"总—分—总"的结构方式表达。顺着"围绕一个意思"的视角，《古诗三首》其实写的是洞庭湖、西湖、天门山不同的美丽，因此可以将古诗作为一个材料，让学生从"围绕一个意思"，用自己的话说说古诗描写的画面，从而把古诗教出新意来。

2. "围绕一个意思表达"的段落结构

（1）并列段式。如《富饶的西沙群岛》第3自然段分别从珊瑚、海参、大龙虾写出海底动物的多种多样；《美丽的小兴安岭》第2自然段，分别从树叶、积雪、春水、小鹿四个方面写出小兴安岭春天的美丽。

（2）总分段式。如《富饶的西沙群岛》第5自然段，第一句为总起，后三句话分别从海鸟、鸟蛋、鸟粪来写出"西沙群岛也是鸟的天下"；《海滨小城》第1自然段分别从海的颜色、样态、景物三方面描写海滨小城。

（3）总分总段式。如《富饶的西沙群岛》第4自然段先总写"鱼成群结队地在珊瑚丛中穿来穿去，好看极了"，然后具体写了鱼的各种形态——"有的……有的……有的……"，最后再总写了"正如人们说的那样，西沙群岛的海里一半是水，一半是鱼"。

这些典型的表达方式是"围绕一个意思表达"最基础的表达习得。学生在习作的起步阶段，一个典型问题就是什么都想写，导致描写的内容无法真正与表达中心形成紧密的匹配和对应价值。因此，这些表达方式非常适合三年级上学期学生学习段落结构的特点。

从整套教材来看，二年级上册第三单元《黄山奇石》《日月潭》《葡萄沟》做过渗透，但真正出现"段"的读写还是第一次，为后续如三年级下册第四单元"借助关键语句概括一段话的意思"、三年级下册第七单元"了解课文是从哪几个方面把事情写清楚的"等由段向篇过渡打下基础。

【任务群读写目标】

1. 学习围绕一个意思，采用并列、总分的结构和表达方式，有顺序地表达，并在语境中识字，体会"抽、浸、懒洋洋"等词语的有趣表达，积累生动语句。

2. 通过制作旅游手账，学习有主题、有顺序、有趣味地记录并介绍所见美景。

【评价建议】

1. 作为学习的评价

（1）积极投入制作旅游手账的读写活动，收集、记录美景资料和图片，并根据需要遴选资料，根据小组意见制作、修改自己的手账。

（2）乐于和同伴分享自己的成果，真诚为同伴点赞，提出建议，互相学习。

（3）根据读写过程中的观察记录资料、手账策划方案、作业单、片段等及时反馈指导。

2. 促进学习的评价

详见各节点评价标准。

3. 关于学习的评价

表2-9　旅游手账评价表

评价内容	评价标准	自评	他评	总评
基本要求（2分）	语句通顺，没有错别字，标点符号正确。			
作品质量（6分）	能用上关键词，围绕一个意思写。			
	能将观察到的景物有顺序、清楚地写，写出景物的特点。			
	会运用平时积累的词语，能有一两处运用比喻、拟人、联想等，把美景写得有趣。			
加分项（2分）	手账整洁美观、图文并茂，题目及排版富有创意、有吸引力。			

【驱动性问题】

"中华大地，美丽山河"，从祖国东南西北的山川河流到身边的美丽小景，美景无处不在；春夏秋冬，四季变化，美景无时不在。这次"任务群读写"，我们一起学习做一本旅游手账，记录、分享祖国的美丽山河。

【任务群读写设计】

依据教材文本和任务群读写的需要，将大任务分解为四个小任务，互为联系，不断推进，呈"递进"结构。

表2-10 "做一本旅游手账"任务群读写设计

核心驱动问题	总任务	最终成果
怎么做一本吸引人的旅游手账，记录旅行和美景？	制作一本旅游手账，介绍祖国美丽河山。	我的旅游手账。
分解驱动问题	主任务	主产品（里程碑）
怎么布局旅游手账，让介绍有主题、有顺序？怎样完善旅游手账，让介绍有趣、吸引人？	学习制作旅游手账。	《富饶的西沙群岛》旅游手账。
	尝试制作旅游手账。	《海滨小城》旅游手账。
	自主制作旅游手账。	《美丽的小兴安岭》旅游手账。
怎么创作一本旅游手账，介绍美景？	创意制作旅游手账。	自主创作的旅游手账。

任务一：学习制作旅游手账

学习活动一：认识手账，启动任务

1.认识手账

（1）出示旅游手账范例，播放视频介绍旅游手账。仔细看看，你认为一本旅游手账由哪些部分组成。（在空白纸条上写下关键词，将完成的关键词纸条贴在黑板上。手账包含目录、照片、风景图画、记录与描写风景的文字、心情、装饰贴纸等。）

（2）讨论：有了这些内容，旅游手账就美观又实用，吸引人。那你认为旅游手账最必要的部分是什么？（风景和旅行的记录。）

（3）制订标准。再讨论一下，可以从哪些方面评价旅游手账？或者说手账最起码要符合哪些条件？

①图文结合，好看美观，排版有序。

②必须有风景描述，做到有序、突出特点、吸引人。

③还可以有一些个性创意，比如给手账取更吸引人的题目等。

2.启动任务

对旅游手账有了初步的认识，知道了这个任务大致的方向，接下来我们要做什么？（想一想你将把什么地方介绍给大家。花园、果园、田野、小河……我们周围有许多美丽的地方，观察、记录、收集要介绍的风景，放进资料袋；学习怎么有序介绍，如何突出特点、吸引人。）

学习活动二：走进西沙，构思手账

1. 走进西沙

（1）（出示中国地图）有这样一个地方，位于南海的西北部，是我们海南省三沙市的一部分。那里风景优美、物产丰富，是个可爱的地方。

（2）初读课文，课文具体介绍了西沙群岛哪些风景和物产？边读边圈，交流之后，师生共同梳理归纳，完成思维导图。（课文从海水、海底、海岛三个方面描写了西沙群岛的美丽和富饶。）理解"富饶"。

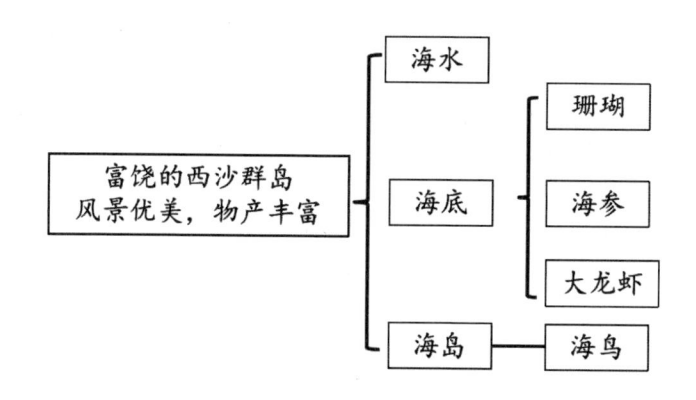

```
                    ┌── 海水
富饶的西沙群岛       │           ┌── 珊瑚
风景优美，物产丰富   ├── 海底 ───┼── 海参
                    │           └── 大龙虾
                    └── 海岛 ─── 海鸟
```

图 2-1 《富饶的西沙群岛》思维导图

2. 构思手账

（1）写下手账主题。《富饶的西沙群岛》旅游手账围绕哪一个主题介绍？（可以取一个吸引人的题目。）

（2）写下手账目录。包括哪几部分？

（3）形成手账初步框架。每部分准备记录什么？可以在每部分的页面上画一画或标记一下。

学习活动三：走进西沙，丰富手账

我们选一个地方去看看。你最喜欢哪里？四人小组讨论，交流介绍。

1. 聚焦海水

（1）一句一句地读，课文写了什么？（海水颜色美，有深蓝的，淡青的，浅绿的，杏黄的。相互交错在一起，更美了。颜色不同的原因是海底高低不平，有山崖，有峡谷，海水有深有浅，从海面看，色彩就不同了。）

（2）如果在手账的海水部分写一句关键句，你会写什么？（西沙群岛一带海水五光十色、瑰丽无比。）如果写几个关键词，会写什么？（五光十色、瑰丽无比。）写一段话呢？（总分段，朗读。）

（3）小结：就如同一支队伍，一个队长特色鲜明，队员分工合理，合为一体。

2. 聚焦海底生物

（1）一句一句读，读懂了什么？（海底珊瑚漂亮，海参到处都是，大龙虾非常威武。）给它们找一个队长。（"海底动物千姿百态"或"海底的岩石上有各种各样的动物"等。）

（2）比较。

出示：

> 海底的珊瑚漂亮，海参到处都是，大龙虾非常威武。
>
> 海底的岩石上长着各种各样的珊瑚，有的像展开的花朵，有的像分枝的鹿角。海参到处都是，在海底懒洋洋地蠕动。大龙虾全身披甲，划过来划过去，样子挺威武。

感觉怎么样？（把景物特点写得更具体生动，更能吸引人。）

（3）小结：每一个队员不仅分工合理，而且个个出彩。

3. 聚焦海底的鱼

（1）读懂什么？（鱼很多又很好看。）

（2）给队员排排队。可以有多种排法，通过排队伍了解：

①从不同角度写了鱼的各种各样。

②用拟人、比喻等不同方法写出了鱼的样子,队员们个个出彩。

(3)播放视频,用上"有的……有的……有的……"写写各种各样的鱼。注意先确定队长,队员排列有序、分工合理。

4.聚焦海岛

(1)自由读,画出队长,圈出队伍特点。标出队员,圈出队员个性。

(2)交流。哪里看出是鸟的天下?(树多,海鸟多,遍地是鸟蛋、厚厚的鸟粪。)

5.丰富手账

选择手账的一个方面,围绕一个意思表达,丰富手账,可以画、可以写、可以图文结合,可以用关键词,可以写一段话。

表2-11 "富饶的西沙群岛"旅游手账评价标准

评价标准	自评	他评	总评
能围绕"美丽、富饶"分几部分介绍旅游风景。(2分)			
能选择一部分或几部分围绕一个意思具体介绍,图文并茂。(6分)			
能用上一两处拟人、比喻,让介绍更生动。(2分)			

任务二:尝试制作旅游手账

学习活动一:梳理脉络,布局手账

1.梳理脉络

(1)以中国地图引入,初读课文,说说课文写了海滨小城的哪些景象,这些景象是什么样的。

(2)交流讨论,形成导图。

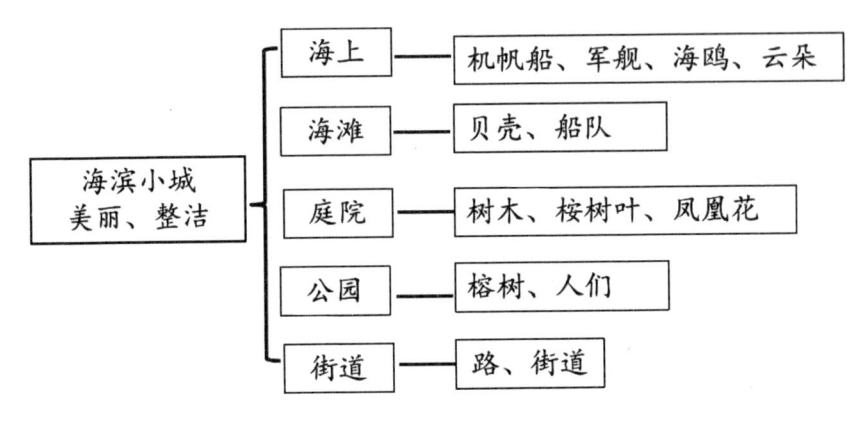

```
              ┌── 海上 ──── 机帆船、军舰、海鸥、云朵
              │
              ├── 海滩 ──── 贝壳、船队
  海滨小城    │
  美丽、整洁 ─┼── 庭院 ──── 树木、桉树叶、凤凰花
              │
              ├── 公园 ──── 榕树、人们
              │
              └── 街道 ──── 路、街道
```

图2-2 《海滨小城》思维导图

2.布局手账

出示空白手账，完成《海滨小城》旅游手账目录、框架布局。

学习活动二：品味美景，丰富手账

1.海边美景

（1）海边有哪些景象，圈一圈。相互交流。

（2）读到这些词语，你的头脑中会浮现出什么画面？在括号里填一填。

　　（　）的大海　（　）的机帆船　（　　）的军舰

　　（　）的天空　（　）的海鸥　　（　　）的云朵

（3）把这些词语连起来，用一段话说一说。

（4）走进沙滩，能不能也加一加相应的词语，再说一说。

　　（　）的贝壳　（　）的鱼儿

　　（　）的虾蟹　（　）的海螺

（5）如果给这段话加一句"队长"，你会怎么加？（如"小城的海天是一幅多彩的画"。可以加在前面、后面等。）

2.庭院美景

（1）哪里看出树多？

①庭院中有许多亚热带树林。我们来看一看，图文结合，认识树。——拓

展亚热带的树。

②"满街满院"。创设情境理解：

看看，初夏，桉树叶子散发出香味，飘得北街——都是桉树叶子散发出来的香味；

南街——都是桉树叶子散发出来的香味；

这条街——都是桉树叶子散发出来的香味；

那条街——都是桉树叶子散发出来的香味；

这个庭院——都是桉树叶子散发出来的香味；

那个庭院——都是桉树叶子散发出来的香味……

这就叫"满街满院"。

手账上这部分就可以把这个关键词写上去，还可以在地上贴上或画一排桉树。

③"凤凰树开了花，开得那么热闹，小城好像笼罩在一片片红云中。"如果你来记录，你会怎么记录？（可以画下或拍下一大片凤凰花开的图景。）我们来画画。（师生一起画，数量不断变多，帮助学生理解"笼罩"。在手账上写下关键词。）

（2）小结：学到这里，大家知道怎么丰富手账了吗？（抓住关键词，可以画，可以摘抄，可以自己写。）

3.公园美景

（1）自学，交流。

（2）交流中随机出示："一棵棵榕树就像一顶顶撑开的绿绒大伞，树叶密不透风，可以遮太阳、挡风雨。"

①读懂了——"榕树像什么？"

②怎么像？——外形像，作用像。

③一棵榕树就像……一棵棵榕树就像……公园更美了。

4. 街道美景

创设情境，走一走，咯吱咯吱，感觉怎么样？（别有风味。）

5. 丰富手账

公园、街道部分的手账，你会记录什么？会画什么？

学习活动三：完善手账，介绍美景

1. 继续完成《海滨小城》旅游手账。

2. 借助手账，介绍美景。有了这样的手账，再去推荐美景，相信你们一定没有问题。一个小贴士：每一处美景都可以围绕一个主题说。

表2-12　"海滨小城"旅游手账评价标准

评价内容	评价标准	自评	他评	总评
能力	通过课文学习，基本上能自己完成手账。			
作品	能围绕"美丽、整洁"分几部分介绍风景。（2分）			
	能选择一部分或几部分围绕一个意思具体介绍，图文并茂。（6分）			
	能用上一两处拟人、比喻，让介绍更生动。（2分）			

任务三：自主制作旅游手账

学习活动一：合作学习，形成思维导图

1. 合作学习

①课文写了小兴安岭什么特点？分别从哪几个方面来介绍？

②读读课文，围绕四季又写了哪些景物？试着概括出四季的特点，写出关键词。

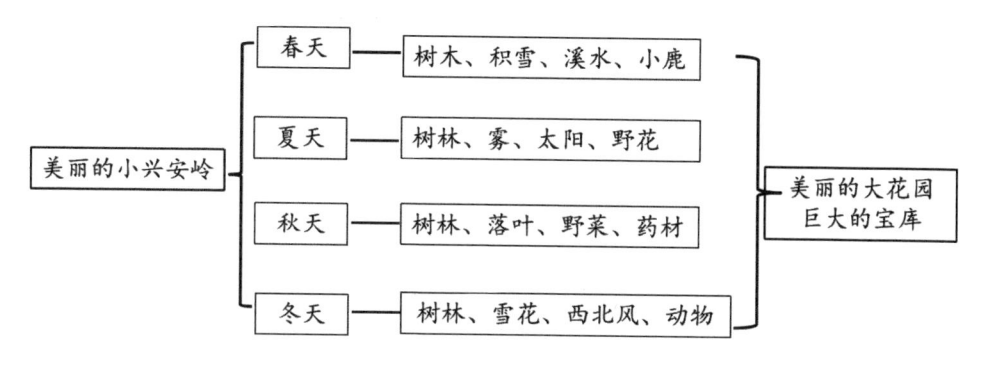

```
美丽的小兴安岭 ┬ 春天 ─ 树木、积雪、溪水、小鹿
              ├ 夏天 ─ 树林、雾、太阳、野花      ┐ 美丽的大花园
              ├ 秋天 ─ 树林、落叶、野菜、药材    ├→ 巨大的宝库
              └ 冬天 ─ 树林、雪花、西北风、动物  ┘
```

图 2-3 《美丽的小兴安岭》思维导图

2. 走进四季

学习提示：如果去小兴安岭旅游，你会选择哪个季节去？结合课文内容说说你的理由。（重点聚焦："抽出""浸"等生动描述的词语，积累摘录。）

学习活动二：再次合作，制作手账

1. 制作手账

（1）学习提示：手账怎么布局？各部分会有什么景物？

（2）选择一个季节，丰富旅游手账，图文结合，可以摘抄文中句子，可以创作。注意要围绕一个主题。

表 2-13 "美丽的小兴安岭"旅游手账评价标准

评价维度	自评			他评			总评		
	3	2	1	3	2	1	3	2	1
有主题									
有顺序									
有趣味									

2. 整合比较

（1）交流四季手账，比较四季手账，发现什么相同点？（都有"树"。）

（2）连起来读读不同季节的"树"的句子，进一步理解总起句和总结句。

春天，树木抽出新的枝条，长出嫩绿的叶子。

夏天，树木长得葱葱茏茏，密密层层的枝叶把森林封得严严实实的，挡住了人们的视线，遮住了蓝蓝的天空。

秋天，白桦和栎树的叶子变黄了，松柏显得更苍翠了。

冬天，……树上积满了白雪。

任务四：创意制作旅游手账

学习活动一：统整手账，发现图式

整合三份手账，发现什么？（围绕一个意思分几部分；可以按地点的顺序，按时间的顺序；每处的景物也围绕一个意思记录，可以写关键词，可以写一句话或一段话。）

学习活动二：学习古诗，积累素材

（地图导入，了解天门山、西湖、洞庭湖的位置。）

1. 学习《望天门山》

（1）自由读古诗，读正确，注意停顿。找一找诗中写到了哪几种景物？（天门山、楚江、青山、孤帆、太阳。）分几个画面？（远看、近看。）

（2）用自己的话说说自己读到的画面。字理识字，理解"断"。谁是丝线？谁是斧头？"回"联想到什么？天门山给你什么感受？（气势雄伟，风景壮丽。）

2. 学习《饮湖上初晴后雨》

（1）自由朗读，借助注释理解。（"饮湖上"指的是在西湖的船上喝酒。）

（2）古诗写了哪些景物？分一分，描写了西湖哪些方面的景色？（雨天、晴天。）

（3）为什么把西湖比西子？想象画面，给你什么感受？

3. 学习《望洞庭》

（1）读准字音，读出节奏，借助注释理解古诗写了什么。

（2）圈画景物。（湖光、秋雨、潭面、山水、白银盘、青螺。）理解"潭"。分一分，从哪些方面写洞庭湖。（远看、近看。湖大、山小。）

（3）哪里让你感受到秋月之下洞庭湖的美丽？

①色彩美。圈出表现色彩的词"翠、白、银、青"。理解"白银盘""青螺"，一大一小、一青一白，很美。

②朦胧美。"镜未磨"。

③神奇美。拓展君山形成的神话传说：相传在远古时代，洞庭湖中并没有岛屿。洞庭湖经常狂风大作，人们苦不堪言。洞庭湖里的72位螺姑娘忍痛蜕下身上的螺壳，形成一个个小岛，连在一起，就是现在的君山。

④和谐美。说说你看到了哪些"两相和"？（湖光与秋月两相和，山和水两相和，洞庭与君山两相和，景物与湖中倒影两相和……）

学习活动三：选择美景，创作手账

1. 确定美景

（1）可以选择三首古诗中的一处美景，根据以上素材，创作手账。

（2）可以选择资料袋积累的美景素材，创作手账。

2. 创作手账

运用学到的方法思路创作旅游手账。

表2-14　创作旅游手账评价标准

评价标准	自评	他评	总评
会运用学到的方法制作旅游手账。（2分）			
手账能围绕一个意思，分几个方面有序介绍。（6分）			
能用上拟人、比喻，介绍有趣。（2分）			
手账图文并茂，吸引人，有创意。			

学会给观众讲有趣的故事
——三年级下册第八单元

【任务群读写概述】

统编教材三年级下册第八单元为故事教学，归属"文学阅读与创意表达"学习任务群，聚焦的是审美价值。在"文学阅读与创意表达"任务群内容中，第二学段第三条这样说："阅读富有想象力和表现力的儿童文学作品，欣赏富有童趣的语言与形象，感受纯真美好的童心，学习用口头或者图文结合的方式创编儿童诗和有趣的故事，发展想象力。"这一条告诉我们教学中要紧扣文学作品，梳理文学形象、文学表达、文学意境，学习如何通过特定的形式反映出心灵的美好境界。

1.故事的结构模式。故事由一系列事件组成，可以满足孩子"后来呢？……后来呢？"的好奇心，因此，"故事—情节"是压倒一切的结构模式。如《慢性子裁缝和急性子顾客》《枣核》，按时间顺序；《漏》，按地点变换；《方帽子店》，按事情发展顺序，还有《慢性子裁缝和急性子顾客》《方帽子店》的对比性结构，《漏》《枣核》的反复性结构，引导学生把握基本的结构，可以更好、更快地记住故事情节，也有利于创编、讲述故事。

2.矛盾与反差。制造矛盾与反差是故事的一大法宝，"想让故事变得高涨起来的话，就刻画登场人物之间的对立吧"。看，急与慢、方与圆、大与小、正与邪、变与不变、胖与瘦、大方与小气……《方帽子店》一文在异于日常的行为反差、角色反差、表达上制造的语言反差等矛盾冲突中塑造了人物形象，推动了一波三折的情节发展。

3. 悬念与意外。悬念与意外是文学艺术中积淀而成的一种审美规范。比如《慢性子裁缝和急性子顾客》，第一天就"掉包袱"，急性子顾客竟然被慢性子裁缝说服了，于是故事有了折蛇形的结构。《方帽子店》鲜明的反差产生了一系列的"意想不到"，一波未平，一波又起，牵着读者一步步往前走，最后突然一转——"那些不舒服的方帽子，慢慢地成了古董"，意想不到又意料之中，有力地表达了"推陈出新"的主题思想。

4. 误会与巧合。"无巧不成书"，误会与巧合一旦发生，就不免要生出千奇百怪的事端，故事便有了独特的审美品格和审美价值。比如民间故事《漏》就巧妙而又自然地借助各种"误会与巧合"来展现要发生的事情内容：开端源于误会、巧合的情节，然后利用重复，结尾冰释误会。整个故事妙趣横生、引人入胜，让人读来哑然失笑又若有所思。

对于学习三年级下册的学生，故事不是第一次接触。统编教材中故事占课文总数的15%，尤其在低年级更是密集出现，所以孩子对故事的基本结构模式比较熟悉。统编教材涉及故事写作的任务群读写有三个，列表梳理如下：

表 2-15 统编教材读写结合的故事单元梳理表

单元	核心知识	目标指向
三上第三单元	感受丰富的想象，试着编童话。	故事的基本结构
三下第八单元	了解故事的主要内容，复述故事，展开想象，尝试编故事。	故事的构思艺术
四下第八单元	感受童话的奇妙，体会人物真善美的形象，按自己的想法新编故事。	故事的主题表达

可见，本任务群读写的大概念是"品味有趣故事的表现艺术，创编有趣的故事"。

【任务群读写目标】

1. 通过图表和示意图等支架梳理故事情节、理解故事意义，语境识字。

2. 鉴赏、探究矛盾与反差、悬念与意外、误会与巧合等故事表现艺术，感受故事语言的独特魅力，复述故事。

3. 迁移，运用有趣故事的表达手法，创编有趣的故事。爱上故事阅读，并在阅读中不断丰富、完善故事文学的表达图式。

【评价建议】

1. 作为学习的评价

（1）喜欢阅读故事，阅读时能关注故事的表现形式；能积极参与小组合作，学会合作学习；给同学的成果中肯、礼貌、建设性的评价与建议。根据过程中的个人表现、小组合作等活动中行动表现评价相应等第。

（2）有意识地收集学生在探究事件中的过程性成果，包括：课内、课外阅读过程中图表、示意图等支架；课外阅读时的故事聚焦，故事表现形式的批注、记录等资料；阶段性的故事片段作业；几次读写过程中的修改稿。根据完成质量评价相应等第。

2. 促进学习的评价

详见各评价节点的评价标准。

3. 关于学习的评价

表2-16 "给观众讲有趣的故事"评价量表

评价内容	评价标准	自评	他评	总评
基本要求（2分）	语句通顺，没有错别字，标点符号正确。			
作品质量（6分）	能按照故事发展顺序设计基本结构。			
	能使用一种或两种矛盾与反差、悬念与意外、误会与巧合等故事表现方式。			

续表

评价内容	评价标准	自评	他评	总评
作品质量（6分）	故事语言生动，有趣指数高。			
加分项（2分）	故事图文并茂，题目富有创意、有吸引力。故事书排版美观，有设计感。			

【驱动性问题】

有这样一个报道，据保守估计，我国50%以上的原创动漫作品是亏本的。究其原因，国产动漫的现状大多是重制作，绘画、定型、二维、三维等能力基本已经达到国际领先水平；最大的问题是不会讲故事。我们的故事讲述往往太过拘泥和呆板，很少有新颖生动、出人意料的东西。我们拼命往前追赶，却忘了我们出发的初衷——给观众讲一个有趣的故事。这次的任务群读写，我们要"学会给观众讲一个有趣的故事"。

【任务群读写设计】

依据教材文本和任务群读写的需要，将大任务分解为五个小任务，互为联系，不断推进，呈"平行+总分"结构。

表2-17 "学会给观众讲有趣的故事"任务群读写设计

核心驱动问题	总任务	最终成果
怎样创编一个有趣的故事？	讲述有趣的故事，创编有趣的故事。	《有趣的故事》书。
分解驱动问题	**主任务**	**主产品（里程碑）**
怎样通过矛盾设计人物，推进故事情节？	阅读、复述《慢性子裁缝和急性子顾客》，尝试矛盾的故事构思。	矛盾故事的构思导图。
怎样设计"意想不到"的故事情节？	阅读、复述《方帽子店》，补充课外资料，尝试改进故事情节思维导图。	意想不到的有趣故事。

续表

分解驱动问题	主任务	主产品（里程碑）
怎样运用巧合、重复等表达形式，创编有趣的故事？	阅读、复述《漏》，学习用巧合、重复的表达方式创编故事。	巧合情节的绘本故事。
怎样抓住故事的多种表达方式讲述有趣的故事？	阅读、复述《枣核》，讲述有趣的故事。	趣味故事分享会。
怎样综合运用故事的多种表达方式创编有趣的故事？	完成习作《这样想象真有趣》。	《有趣的故事》书。

任务一：矛盾中见有趣

学习活动一：启动任务，感受有趣

1. 启动任务

播放视频报道：我国50%以上的原创动漫作品是亏本的，究其原因，国产动漫的绘画、定型、二维、三维等能力基本已经达到国际领先水平，却不会讲故事。我们的故事讲述很少有新颖有趣、出人意料的东西。在国外，故事是最受重视的。这次的任务群读写，我们要"学会给观众讲一个有趣的故事"。

2. 感受有趣

（1）我们来玩一个对对碰的游戏，比如我说"胖"，你说"瘦"。我说"慢"，你说"急（快）"，我说"大方"，你说"小气"，我说"大个子"，你说"小个子"。发现什么？矛盾（相反）。

（2）有意思吗？加上主角，我说"胖驴"，你说"瘦马"，我说"大个子兔子"，你说"小个子狼"，我说"慢性子裁缝"，你说"急性子顾客"。

两个矛盾的人在一起会发生什么有趣的事呢？快速浏览故事，用自己的话简单说说发生了什么事。（随机板贴关键词，按照时间顺序形成表格，语境中识字"裁缝、夹袄、衬衫、短袖"。）

| 急性子顾客 | 棉袄，马上取 | 改成夹袄 | 改短袖、衬衫 | 改成春装 |

| 慢性子裁缝 | 明年冬天取 | 为您服务，没说的 | 行啊，没问题 | 还没裁料 |

| | 第一天 | 第二天 | 第三天 | 第四天 |

图2-4 《慢性子裁缝与急性子顾客》关键词板书

学习活动二：研读故事，体悟有趣

1.有趣情节

以急性子顾客的心情变化为线索，移动词卡，形成一波三折的情节图。到第四天，还没裁料，心情掉到冰点。情节的反转，让人哑然失笑。

2.有趣对话

（1）在这个反转的情节中有一个伏笔，就是第一次对话，急性子顾客竟然被慢性子裁缝说服，不得不承认裁缝说的有道理。于是，做衣服的事儿就算说定了，这才有了后面的故事。我们来好好读一读他们的对话，觉得哪些地方很有趣？（自由准备。交流：顾客的话有趣，动作有趣，神态有趣。）

（2）把这些句子理一理，发现了什么？（顾客急、裁缝慢。这些语言、动作、神态的描述，让急性子顾客和慢性子裁缝的形象跃然纸上，好玩！）

（3）分角色合作读。演一演这两个人物。（点评：聚焦关键词、语速、神态等。）

3.结局有趣

故事的结局反转，充满戏剧性。

4.合作读演第二至四次对话（教师巧妙串联故事）

学习活动三：设置矛盾，表达有趣

1.设置角色

（出示课件）有位作家说："想让故事变得高涨起来的话，就刻画登场人物之间的对立吧。"

如果反过来，急性子裁缝和慢性子顾客，这个故事会发生怎样的变化？（构思情节，写词卡，交流。）

2. 调整情节

通过刚才的学习，你们认为怎样的情节比较有趣？（一波三折，有反转。）再次修改调整你们的情节图。

3. 添加言行

人物的言行往往会推动故事情节的发展，在这个新的故事中，你的人物会说些什么？做些什么？请继续构思，补充、丰富情节图，完成有趣的故事。

表2-18　"矛盾中见有趣"故事构思导图评价标准

评价维度	评价标准	自评	他评	总评
主角设置	主角故事人物具有矛盾性。（2分）			
情节设计	按照故事发展顺序设置情节。（2分）			
	情节体现一波三折。（4分）			
	言行符合性格，推动情节发展。（2分）			

任务二：意外中见有趣

学习活动一：走近故事，了解意外

1. 梳理情节

（1）读题目。你想到什么？（出示）这家帽子店从来没有做过别的帽子。他们的橱窗里都是方帽子。第一顶是方的，第二顶是方的，第三顶还是方的……

（2）形成故事情节导图。读课文，发生什么事呢？

（随着交流，在课件电子课文相应处出示）一开始，（帽子店里都是方帽子。）后来，（小孩子做了几顶圆帽子，扣在头上，很舒服。）再后来，（方帽子店对面，开了一家帽子店，专卖各式各样的舒服的好帽子。）最后，（不舒服的方帽子，慢慢成为了古董。）这就是故事的起因、经过、结果，谁能连起来说说故事的主要内容？

2. 了解意外

从一开始"方帽子"到"成为古董"，这个改变让人意想不到，正是这些意想不到，让故事充满魅力。

学习活动二：走进故事，品味意外

1. 走进故事

读读故事，故事中哪些内容是你意想不到的，做做批注。

2. 交流意外

①明明方帽子戴着不舒服，还不能改，奇怪！

②多有创意的帽子！

③方帽子店主人的儿子也戴了一顶圆帽子。

④大人和小孩的不同表现……

3. 讲述故事

（1）随着交流进一步丰富情节图。随机识字"嚷、一溜烟"，了解行为反差、人物反差、语言反差。。

（2）这些意想不到让故事充满了戏剧性，讲讲故事。

学习活动三：拓展故事，运用意外

1. 拓展故事

补充阅读，交流你发现的意想不到的情节。

2. 运用意外

（1）这是我们同学写的故事，我们来抒一抒情节。

（2）怎么让故事更有趣？可以再设置一些意想不到的情节。讨论修改。

表 2-19 "意外中见有趣"故事评价标准

评价维度	评价标准	自评	他评	总评
情节设计	能按照故事发展顺序设置情节。（2分）			
	能设置几处意想不到的情节。（6分）			
基本要求	语言通顺，没有错别字。（2分）			

任务三：巧合中见有趣

学习活动一：明确任务，梳理场景

1.明确任务

（1）今天我们走进有趣的故事第三站，学着把《漏》这篇课文做成一个绘本故事。请大家读一读这个故事的开头，如果要在这个绘本封面上添加人物，应该有哪几个人物？

"从前，有一户人家，住着一个老公公，一个老婆婆，还喂着一头黑脊背、白胸脯的小胖驴。山上住着一只老虎，山下住着一个贼。老虎嘴馋，一心想着吃这头小胖驴；贼手痒，一心想着偷这头小胖驴。"（根据学生回答随机在封面相应处出示人物图片。）

（2）说说看，课文讲了一个什么故事？（梳理故事的起因、经过、结果。）

2.梳理场景

如果说起因发生在屋里，结果就要回到屋里。那这个过程还经过哪些地方？（路上、歪脖子树、山坡。根据学生交流，随机用简笔画贴出相应的场景。）故事就是按照地点变化的顺序来展开的，抓住地点变化来说一说故事的主要内容。（自由说—指名说）

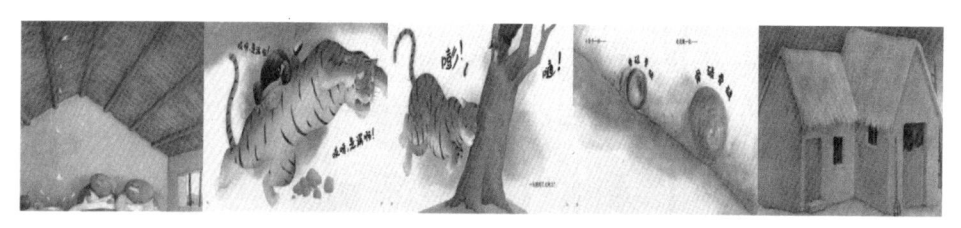

图 2-5 《漏》参考配图

学习活动二：走进场景，品味巧合

1. 品味场景一

（1）找找巧合。（翻开封面）这个充满了误会与巧合的故事，就这样开始了。我们来找找看。（贼心里害怕，脚下一滑，扑通从屋顶的窟窿里跌下来，正巧摔到虎背上。）（一天晚上，下着蒙蒙小雨。老虎来了，贼也来了。不一会儿，墙被老虎抓了个窟窿，屋顶被贼挖了个窟窿。老虎钻进驴圈，贼也正想往下跳。）

（2）找找反复。

忽然，听到老婆婆说："我什么也不怕，就怕漏！"

老虎趴在驴圈里想："翻山越岭我什么都见过，就是没见过'漏'。莫非'漏'比我还厉害？"

贼蹲在屋顶上想："走南闯北我什么都听说过，就是没听说过'漏'。莫非'漏'比我还厉害？"

男女生分角色读—分组分角色读——读着读着，发现什么？（语言很像。像这样对称中有变化的语言结构，我们称它反复。）

（3）小结。语言的反复也是一种巧合，让故事充满趣味。（出示绘本场景，示范配文，丰满导图。）

2. 品味场景二——场景四

（1）场景配文。在编写绘本时往往会把这些富有特色的语言作为配图文字。请你选择场景二到场景四的其中一至两个场景，先读课文，画出反复的句子，再想一想，你怎么给这个场景配文。

（2）交流场景。分别在绘本相应情节处出示配文，品味重复、巧合的魅力。

①场景二：

老虎想："'漏'真厉害，像胶一样，粘住我了。到树根前，得把它蹭下来，好逃命。"

贼也想："'漏'真厉害，旋风一样，停都不停，一定是驮到家再吃我。

到树跟前,得想法蹿上去,好逃命。"

②场景三:

老虎被雨一淋,清醒了许多,想想不甘心,还是要回去吃驴,就转身往回走。

贼被雨一淋,清醒了许多,想想不甘心,还是要回去偷驴,就下树准备往回走。

③场景四:

贼又冷又饿,正在下树,看见走来一个黑乎乎的东西,心想:"'漏'又来了,这下我可活不成了!"

老虎正走着,见天上掉下个黑乎乎的东西,响声又这么大,心想:"'漏'又来了,这下我可活不成了!"

(3)小结:巧合、误会、重复,有趣的故事就这样产生了。

学习活动三:整合巧合,体悟有趣

1.整合巧合

像这样的巧合,故事里还有吗?(继续交流,补充绘本巧合的情节,如刚好掉到头上。)完成绘本。

2.体悟有趣

(1)借助绘本,合作讲故事。

(2)明白道理。此时,再看"漏",还仅仅是指漏雨吗?梁川在创作小记中有这样一句话:"平平常常心就会有平平常常的日子。心中有了贪念,才会变出各种漏来。"

学习活动四:群文阅读,巧合运用

1.群文阅读。"无巧不成书",巧合是故事写作的一大特点。这样的故事还有很多。读读这些故事,讲讲有哪些反复、巧合的情节。

2.运用巧合、反复编写有趣的故事。

表2-20 "巧合中见有趣"故事评价标准

评价维度	评价标准	自评	他评	总评
情节设计	能按照故事发展顺序设置情节。(2分)			
	能设置几处巧合,推动情节。(6分)			
基本要求	语言通顺,没有错别字。(2分)			

任务四:综合运用说故事

学习活动一:走进故事,梳理情节

1. 走进故事

(1)抓住主要信息。《枣核》这篇课文写了谁?(枣核。)大家见过吗?谁来聊一聊?(学生交流信息,如聪明、勤劳。有一年,衙役把庄稼人的牛、驴都牵走了,枣核把它们牵了回来。枣核一蹦就很高……永远只有枣核那么小……)出示关键信息图片,语境识字。

(2)发生什么事情?(有一年大旱,庄稼没收成,纳不上粮,衙役把庄稼人的牛、驴牵走了。)我们来看看这幅图,谁是衙役?哪个是县官?(随机在图上出示词语,语境识字)(补上"枣核")这是枣核。再找找,在哪里?(跳动位置,县官的胡子上。)再找找,在哪里?(再跳动。)

图2-6 《枣核》插图

2. 梳理情节

(1)形成故事框架图,抓住主要信息。这是一个小斗大、民斗官的故事。再快速读读课文,把这个故事理一理。(开始是……后来……后来……)

(2)连起来说说这个故事。

学习活动二：聚焦表达，品味有趣

1. 自读批注

就这一斗，发生了一系列斗智斗勇的情节。读课文，画出你觉得最有趣的地方，做做批注。

2. 聚焦反复

交流，聚焦晚上的片段情节（出示句子），发现什么？（重复的情节，枣核怎么做，衙役怎么做。）（对应着读，分角色合作读，教师旁白，复原当时情景。）读着读着，觉得怎么样？（好笑。）

3. 聚焦反差

（1）还有吗？（随着枣核的蹦来蹦去，枣核、县官的反差，进一步丰富情节图。）

（2）连起来，发现什么？（以枣核蹦来蹦去为线索，县官越来越生气，枣核形象越来越强大了。）

学习活动三：借助导图，讲述故事

1. 讲述《枣核》

借助故事情节图，讲述《枣核》故事，注意各种表现形式。

2. 组织故事会

（1）选一个故事，多读几遍，梳理故事情节图，借助思维导图，记住故事的内容。

（2）再读故事，注意故事的表现形式，如一波三折、反差、意想不到、巧合、重复等，进一步丰满思维导图，记住这些表现形式，让你的故事充满趣味。

（3）借助思维导图，自己试着讲，注意语气、表情变化，加上适当的手势，让讲述更吸引人。

3. 召开故事会

讲故事的时候要自然、大方。听故事的时候要集中注意力，认真听，记住主要内容，说说故事中哪里最有趣。

表 2-21　"讲述有趣的故事"评价量表

评分要点	层级标准描述（赋分）		
	优秀（5分）	良好（3分）	合格（1分）
讲述表现	自然、大方，注意语气表情变化，加上适当的手势，让讲述吸引人。	较自然、大方，稍有语气、表情变化及手势，讲述较吸引人。	还算自然、大方，但语气、表情变化、手势等有所不足，讲述较为平淡。
内容完整	能完整地画出故事情节思维导图，记住主要内容。	基本能画出故事情节思维导图，基本记住主要内容。	基本把握主要内容，画出部分情节思维导图。
有趣指数	能很好地表现出故事中最有趣的情节，吸引观众。	能较好地表现出故事中的最有趣情节，比较吸引人。	能讲出故事中最有趣的情节，不大能吸引人。

任务五：综合运用编故事

学习活动一：头脑风暴，设计变化

1. 头脑风暴

（1）绘本引入。《有趣的洞洞书》引入，动物世界发生的一件件奇异的事，公鸡飞天、蜗牛极速跑、蚂蚁变大（出示图片）。

（2）大胆想象。还会发生什么动物大变样？还有谁会怎么变？（兔子耳朵变短、大象变小、猪变瘦……）

2. 设计变化

我们来理一理刚才的想象，可以从不同角度发生变化：功能变、样子变、习性变、行为变。但相同的是都会出现反差的变化，这会带来一系列的矛盾、巧合、意外，让故事很有趣。

学习活动二：聚焦有趣，设计情节

1. 画情节串

（1）大胆想象会发生什么变化，变化后会发生什么事情，后来怎么样，结果怎么样。画出情节串,并说说故事梗概。

(2)聚焦有趣,交流评价。

2.再画情节串

(1)回顾方法。再来看看前面《慢性子裁缝和急性子顾客》《方帽子店》《漏》《枣核》的故事情节图,发现了什么?(这些情节线都是一波三折。)

(2)展开情节串。在这一连串的情节中,一定有很多意想不到的故事,有巧合、有误会、有惊险、有智慧……我们再展开故事串,大胆想象,画出情节图,把这些"情节串"动起来,让故事一波三折。

(探险式:遭遇什么危险?怎么脱困?问题式:遇到什么困难?怎么克服?如:山羊变圆了,灵敏的山羊准备跳崖,掉入山谷;青蛙会飞了,变胖了,落叶飞起来。)

(3)聚焦情节,再评价。聚焦一波三折,给故事画一条情节线,改一改"情节串"。

表2-22 "故事情节"有趣指数评价量表

评分要点	层级标准描述(赋分)		
	优秀(5分)	良好(3分)	合格(1分)
人物的矛盾	动物有发生奇异的矛盾变化。	动物有发生较为有趣的矛盾变化。	故事中的动物有点变化。
情节的设计	设计系列反差、巧合等一波三折的情节,让人发笑。	有部分反差、巧合的情节,故事有点波折设计。	有点反差、巧合的情节设计,但较为平淡。
结果出人意料	结果意想不到,又在情理之中。	结果有点意想不到。	结果较为平常。

学习活动三:聚焦奇异,丰富情节

1.书写片段。一个个情节里,每一个人物都会有很多语言、动作、神态,找一个片段写下来,让人物形象"动"起来、"说"起来、"想"起来。

2. 评价交流。再次修改片段。

表2-23 "故事语言"有趣指数评价量表

评分要点	层级标准描述（赋分）		
	优秀（5分）	良好（3分）	合格（1分）
语言、动作、神态描写	选择详略得当，能推动情节发展，人物形象跃然纸上，引人发笑。	选择基本得当，能体现人物的特点，符合当时的情节，有点好玩。	平淡叙述，还不能很好地体现人物形象，读来较平常。

3. 完成故事。加上开头、结尾，补充其他片段情节，就是一篇作文。

学习活动四：成果展示，整合出书

1. 成果展示

（1）教室边上排列一排桌子，将学生写好的故事放置在上面。学生分组选择相应的故事阅读，从矛盾、意外、巧合以及故事的语言等角度评价同学的习作，可圈点、可批注感受与建议，最后打出等第。

（2）学生互相学习后，小组推荐作文参加全班交流。

（3）修改自己的故事。

2. 整合出书

（1）撰写目录。看看这些故事集的目录，你发现了什么？（一般会将故事分分类，形成几个板块。）全班的故事可以怎么分类？（按主角来归类、按表现形式来归类等。）取最有特色的一篇故事作为板块的题目。

（2）整合出书。统一规矩，按类分组，编辑美化，设计封面，撰写序言、后记等，整合出书。

把事情写清楚
——四年级上册第五单元

【任务群读写概述】

四年级上册第五单元紧紧围绕"把事情写清楚"的核心知识，课文内容、课后设计、初试身手、语文园地等内容从不同角度逐步推进，归属"文学阅读与创意表达"学习任务群。

"把事情写清楚"是一个比较含糊的要求，怎样才算是写清楚了？怎样才能写清楚呢？

1. 按顺序："叙述"清楚

写清楚一件事情，首先要将事情写得有顺序。两篇精读课文和两篇习作例文从不同视角提供了表达样本：《麻雀》按照事情起因、经过、结果的顺序写；《爬天都峰》按照爬山前、爬山中、爬山后的顺序写；《我家的杏熟了》中的奶奶先后做了这几件事：扶起淘淘，让小伙伴别走，打杏，分杏，组成了故事的情节，要注意情节前后的联系；《小木船》写的是一件具有时间跨度的事情，需要"多过程"的结合。同样是把一件事情写清楚，写作对象不同时方法不同，需要教师从读到写，让学生习得表达方法。

2. 写具体："描述"清楚

"把经过部分写具体"还只是陈述性知识，要把它转化为程序性知识、策略性知识。《麻雀》通过把看到的、听到的、想到的写下来，活灵活现地展现了"小麻雀的无助""老麻雀的无畏""猎狗攻击与退缩时"的具体场景;《爬天都峰》抓住语言、动作把"我"爬山的过程写清楚;《我家的杏熟了》抓住奶奶打杏、分杏的动作和语言把事情写清楚;"初试身手"也旨在引导学生想象人物的动作、神态、语言,把画面中的事情写清楚。

综合梳理,"把经过部分写具体"可以有这么几招:(1)把动作放大。如果不留心观察,一个人做某一件事似乎只用一两个动作就完成了,有些微小的动作被忽视了,这就会导致写作中动作描写笼统、单一。因此,指导学生"放慢镜头",捕捉人物活动时细微的系列动作是"把经过写具体"的重要一招。如:"猎狗慢慢地走进小麻雀,嗅了嗅,张开大嘴,露出锋利的牙齿。""这一下,陈明更生气了。他拿起我的小木船,使劲摔在地上,用脚踩了两下,一把抓起书包,头也不回地走了。"(2)描写语言。如果能把人物的独白或对话写好,内容就会变得具体生动,人物形象也立了起来。如《爬天都峰》就通过人物对话写清楚事情经过。(3)嵌入联想。如"突然,一只老麻雀从一棵树上飞下来,像一块石头似的落在猎狗面前",联想的嵌入使描写的对象鲜活起来,起到了推波助澜的作用。

3. 有详略:"表述"清楚

"写清楚一件事情"还要注意详略得当的布局谋篇。《小木船》的课后题就提出:"我"和陈明的矛盾持续了很长一段时间,课文只用"转眼几个月过去了"一句话交代,你觉得课文有没有把事情写清楚?引导孩子关注,写清楚一件事要围绕中心,着重描写"友谊破裂"和"重新和好"两个重要场景,不重要的内容可以简单交代,甚至不写。

这样,叙述清楚有顺序,描述清楚有细节,表述清楚有详略,一件事情就写清楚了。

把一件事情"写清楚""写具体""写生动"是"写好一件事"的三个不同层级。对于四年级上学期的学生来说,写事是有一定基础的,三年级上册"写日记""学写一件简单的事"引导学生将见到的、听到的、想到的写下来,都为写清楚一件事搭建了初级平台,侧重把事情写完整。但如何把事情写具体依然是个难点。可见,本任务群读写的大概念为:"按一定的顺序把事情写清楚,把事情经过写清楚。"承上启下,为初中"写好一件事"(写生动)打下基础。

【任务群读写目标】

1.学习课文写了一件什么事,是按什么顺序写的,是怎样把事情写清楚的,语境识字。

2.选择生活中亲身经历过的、看到过的或听到过的一件事,按一定顺序,抓住怎么想、怎么说、怎么做,把事情发展过程中的重要内容写清楚。

【评价建议】

1.作为学习的评价

(1)积极完成习作,与同学交流自己的习作是否按一定的顺序写清楚了,根据意见修改习作。

(2)能认真倾听、阅读同学的作品,真诚发表意见。

(3)根据读写过程中的表格、导图、作业单、片段描写作业等及时反馈。

2.促进学习的评价

详见各节点评价标准。

3.关于学习的评价

表2-24　"把事情写清楚"评价标准

评价内容	评价标准	自评	他评	总评
基本要求 (2分)	语句通顺,书写整洁。 正确使用标点符号和修改符号。			
事例选材 (2分)	选材合理,事例典型。			
作品质量 (6分)	能写清楚事情的起因、经过和结果。			

续表

评价内容	评价标准	自评	他评	总评
作品质量（6分）	能通过所见、所闻、所想或者怎么想、怎么说、怎么做，把事情发展过程中的重要内容写清楚。			
	能根据主题的需要做到详略得当。			
加分项（2分）	能形成一本"少年记事录"，题目及排版富有创意、有吸引力。			

【驱动性问题】

各种各样的事情都是成长的营养，组成丰富的生活。让我们一起摇动生活万花筒，把印象深刻的事情写下来，不断积累，形成一本"少年记事录"，取一个好听的名字。

【任务群读写设计】

依据教材文本和任务群读写的需要，将大任务分解为三个小任务，互为联系，不断推进，呈"递进"结构。

表2-25 "把事情写清楚"任务群读写设计

核心驱动问题	总任务	最终成果
怎么把生活中印象深刻的事情记录下来，成为自己成长的营养？	记录生活中印象深刻的事件。	"少年记事录"。
分解驱动问题	**主任务**	**主产品（里程碑）**
怎么把一件事"叙述"清楚？	围绕事件，把自己印象深刻的事情的起因、经过、结果画出思维导图。	事件发展思维导图。
怎么把一件事"描述"清楚？	围绕重点，把过程画面展开来，记录所见、所听、所想。	家人做家务的过程片段，奶奶过生日片段，运动会片段。

续表

分解驱动问题	主任务	主产品（里程碑）
怎么把一件事"表述"清楚？	完成一件印象深刻的事情，形成"少年记事录"。	一件印象深刻的事情。"少年记事录"。

任务一："叙述"清楚

学习活动一：链接生活，梳理素材

1. 链接生活

生活中每天都会发生各种各样的事情，回忆一下，哪件事情让你印象深刻？（写在便利贴上。）

2. 梳理素材

（1）梳理教材《生活万花筒》提供的题目：开心的、烦心的，家里的，学校的，现在的、以前的……各种各样的事情组成丰富的生活。

（2）进一步打开思路，打开记忆长河，一起摇动生活万花筒，你又想起哪些印象深刻的事情？（继续写在便利贴上，可以保留前面的，可以修改、整理后贴在作业纸上。）

（3）小组交流，分享自己印象深刻的事情，最终确定自己印象深刻的事情。

学习活动二：聚焦要素，锚定事情

1. 事情四要素。

讲清事情四要素：什么时候？谁？在什么地方？干什么？（写在便利贴下面的作业纸上。）句式可以多样化。

2. 事情六要素

把事情继续展开，讲清起因、经过、结果，完成作业纸表格。

(   )

起因	经过	结果

图 2-7 "把事情讲清楚"事情要素作业纸

学习活动三：围绕话题，构思顺序

1. 初读课文

（1）朗读《麻雀》，说说课文围绕麻雀写了一件什么事，这件事的起因、经过和结果是怎样的。形成思维导图。

（2）读《爬天都峰》，说说课文写了一件什么事，是按照什么顺序写的，形成思维导图。

（3）读《我家的杏熟了》，说说课文围绕杏儿熟了，写了什么事情，形成思维导图。

（4）读《小木船》，说说课文写了什么事情，形成思维导图。

2. 发现秘妙

比较思维导图，发现都是围绕一个话题把事情的起因、经过、结果讲清楚。

3. 构思顺序

（1）调整自己印象深刻事情的起因、经过、结果，画出事情过程的思维导图。（根据需要，导图的形式可以多样化。）

（2）互相交流，不断修正思维导图。（围绕话题，按顺序把事情写清楚。）

表 2-26 "叙述"清楚评价标准

评价内容	评价标准	自评	他评	总评
选材	事例典型，选材合理。			
要素	事情的六要素完整。			
思维导图	事情的起因、经过、结果围绕一个话题。			
	思维导图能清楚呈现事情的发展顺序。			

任务二："描述"清楚

学习活动一：展开画面，体悟主题

1. 展开思维导图

（1）阅读范文《麻雀》，回顾思维导图。

（2）展开思维导图，边回顾边出示简图。（起因是……经过是……结果是……）

2. 聚焦动作

（1）怎么让画面动起来？秘密在书里，再读课文，画出句子。

（2）在画面相应位置出示句子：

①我顺着林荫路望去，看见一只小麻雀呆呆地站在地上，无可奈何地拍打着小翅膀。它嘴角嫩黄，头上长着绒毛，分明是刚出生不久，从巢里掉下来的。

（看到什么？想到什么？如弱小、害怕。）

②猎狗慢慢地走近小麻雀，嗅了嗅，张开大嘴，露出锋利的牙齿。

（圈出动词。感受凶猛。）

③突然，一只老麻雀从一棵树上飞下来，像一块石头似的落在猎狗面前。它挓挲起全身的羽毛，绝望地尖叫着。

（看到什么？圈出动词。语境识字。）

3. 聚焦心理

（1）句子比较。（将联想、想象部分显蓝）去掉蓝色部分，读读看，通顺吗？

读读蓝色部分，发现什么？（蓝色部分是心理活动，描写内心所想。）

（2）情境创设：老麻雀，你为什么浑身发抖？为什么绝望地尖叫？为什么那么害怕，还要挺身掩护？

（3）这样的句子课文中还有，找一找。（把所想的写出来，让人更加身临其境。）

4. 总结方法

（1）感情朗读。一个画面，把看到的、听到的、想到的写下来。我们看到了弱小的小麻雀、凶猛的猎狗、勇敢的老麻雀，伟大的母爱跃然纸上。连起来，把感情送进句子中读。

（2）小结方法。这一个故事，你学到了什么妙招？（重点过程的画面展开来，把所见、所听、所想写下来，事情就更清楚了。）

5. 小试牛刀

（1）展开画面。选一件家务事，回忆起因、经过、结果，想一想有哪几个场面？（可以在方框中画画简图，或写几个关键词。）

（2）分解动作。印象深刻的画面中有哪些动作？分解写在方框中。

（3）嵌入心理。展开想象，把看到、听到、想到的连起来，说一说家人做家务的过程，再写下来。

学习活动二：品读言行，突出主题

1. 品读言行

（1）回顾《爬天都峰》，聚焦语言，从哪里看出不敢爬？

①"啊，峰顶这么高，在云彩上面哩！我爬得上去吗？再看看笔陡的石级，石级边上的铁链，似乎是从天上挂下来的，真叫人发颤！"（理解"笔陡"。补充资料天都峰。"似乎是从……"，关注语气词、感叹号，读好句子。）

②情境过渡（图上叠加老爷爷，在导图"爬山前"位置出示对话）。合作读好对话。

（2）聚焦爬山。选一选哪幅图是"攀"，出示"攀"的字理，写好"攀"字，送到句子中朗读。

2. 品味感谢

（1）引读，在导图"爬山后"部分出示对话。

（2）看导图，说说"我"开始不敢爬，最后爬上去了的过程。

3. 发现秘妙

（1）抓住对话。

（2）聚焦主题，汲取力量。

学习活动三：围绕主题，描述清楚

1. 牛刀小试

（1）看图，说说画了一件什么事。（运动会、奶奶过生日）

（2）发挥想象，说说起因、经过、结果。

（3）想象画面，把看到的、听到的、想到的人物动作、语言写下来，把图片的内容说清楚。

2. 评价修改

（按评价标准，自评、互评，修改。）

表2-27 "描述"清楚评价标准

评价	标准描述
优秀	能按一定顺序写清事情，把事情发展过程中重要内容的语言、动作、心理等写清楚，写出真情实感，能打动读者。
良好	能完成作品，按一定的顺序把事情较清楚地写下来，事情发展过程中的重要内容能写得较清楚，基本上写出了自己的真实感受，能吸引读者。
合格	能按一定的顺序把事情写下来，写出事情发展过程中的重要内容，有自己的真实感受。

任务三:"表述"清楚

学习活动一:研读例文,综合梳理

1. 研读例文1

(1)回顾思维导图,按照事情发展的顺序,说说这件事情。

(2)课文怎么把"分杏"这件事写清楚?画一画描写语言、动作的语句。

(3)这件事对我有怎样的影响?

2. 研读例文2

(1)课文是怎么把友谊破裂、和好的场面写清楚的?(在导图上写写,或在书上画画句子。)

(2)"我"和陈明的矛盾持续了很长一段时间,课文为什么不写,只用"转眼几个月过去了"一句话加以交代?(突出主题,详略得当。)

3. 综合梳理

(1)整合导图,分别怎么突出主题?

(2)重点画面展开写,其余都是为了突出主题。

学习活动二:迁移运用,完成习作

1. 形成图式

回顾素材,思考:为什么这件事情给你留下深刻印象?哪些印象深刻的画面要展开来写?你看到、听到、想到什么?

2. 完成任务

(1)写下来,读给同学听,请同学说说这件事是否写清楚了,参考同学的建议进行修改。

(2)做一本"少年记事录"。开心事、烦心事、伤心事,成长中的喜怒哀乐,都是成长的营养。不断积累,形成一本"少年记事录",取一个好听的名字。

宠物观察局
——四年级下册第四单元

【任务群读写概述】

统编教材四年级下册第四单元是学生很喜欢的一组课文，原因很简单：可爱的小动物是我们的好朋友。但有时候，"熟悉的地方没有风景"，熟悉不一定能很好地表达，这也是本任务群读写的教学价值。

从教材来看，本单元的要素是："体会作家是如何表达对动物的感情的。写自己喜欢的动物，试着写出特点。""交流平台"中这样提示："从字面上看，作者好像并不喜欢这些小动物，实际上字里行间却藏着对它们深深的爱。"细细品读课文，老舍的《猫》《母鸡》，丰子恺的《白鹅》，有的明贬实褒，有的欲扬先抑，手法不一，但异曲同工。

1. 特点鲜明

在与动物共处的日子里，会有不少新发现让人眼前一亮。老舍笔下猫的性格实在有些古怪，"说它……吧，它……"淋漓尽致地刻画出猫的个性。看得越多，发现就越多，体验就越丰富。见人所未见，写人所未知，抓住动物鲜明的特点，用文字表现那些有意思的故事、那些独特的发现，真实、新颖的才是最有意思的。

2. 情感真挚

只有用"我"的视角去观"物"，"物"才能融入"我"的情感；只有深深地注入情感，写出的文字才会有感染人的力量，给人留下深刻的印象。丰子恺笔下的鹅，"步调从容、大模大样的，颇像京剧里的净角出场。它常傲然地站着，看见人走来也毫不相让；有时非但不让，竟伸过颈子来咬你一口"。细致描摹的动作、神态，用心去体会它们的欢乐忧伤，动物形象便栩栩如生，读来如临其境、真切自然。

3.富有情趣

改变了视角，"物"便是"人"，有着和人一样的思想、情感。"这样从容不迫地吃饭，必须有一个人在旁侍候，像饭馆里的堂倌一样。""她教鸡雏们啄食，掘地，用土洗澡，一天不知教多少次。"漫画式的语言读来让人忍俊不禁，语言便有了趣味，充满灵性，写出来的文章自然就会生动形象、情趣盎然。

四下第四单元为状物散文，顾名思义，就是描摹事物，学习运用语言文字描摹事物的方法，形成书面表达的能力。像这样的单元，教材中有四个。把四个单元看成有内在关联的整体，可以发现"眼中物""境中物""心中物"，呈逐级上升的态势，低层级是高层级的基础，高层级是低层级的延展，螺旋式上升，形成主题组合的进阶的阅读体系，要求我们有整体和系统思维。（见表2-28）

表2-28　"描摹事物"单元核心知识梳理表

教材单元	核心知识	目标指向
三上第五单元	多感官观察、连续观察，介绍事物的特点，简单感受。	眼中物
四上第三单元	连续细致地观察，写出事物变化和观察者当时的想法和心情。	境中物
四下第四单元	根据需要介绍动物特点，表达对动物的喜爱之情。	
五上第一单元	借助具体事物抒发感情，诠释道理。	心中物

可见，本任务群读写的核心知识是"学习带着感情的表达方法"。

【任务群读写目标】

1.深入观察了解动物，借助本单元课文，学习领悟"带着感情的表达方法"。语境识字。

2. 基于任务需要，观察调研、细致描摹、展开想象，从动物的外形、性格、趣事等方面，选择生成相应的内容，学会带着感情地表达，学习用漫画式语言，表达情趣。

3. 根据任务读写实际，修改内容和文字的得体性，在真实的交际应用场景中发布自己的成果。

【评价建议】

1.作为学习的评价

表2-29 动物素材观察记录过程评价标准

评价要素	态度	素材	逻辑
优秀	坚持认真细致观察，及时归档。	素材丰富，捕捉到了有趣的瞬间，与众不同、图文并茂。	善于整理、归类观察记录，逻辑清楚。
良好	较及时认真、细致观察。	素材较丰富。	逻辑基本自洽。
合格	有观察记录，较敷衍。	素材泛泛。	素材显零散。

2.促进学习的评价

详见各评价节点具体标准。

3.关于学习的评价

（1）多角度展示动物的特点，抓住鲜明特点细致描摹，表达自己的感情，展开联想，用漫画式的语言表达情趣。

（2）手册图文并茂、排版清晰，有创意。

【驱动性问题】

教材提供的情境有："请小伙伴帮忙寻找丢失的小羊；因全家外出旅行一段时间，请邻居帮忙喂养小狗；要搬家去外地了，请同学们收养自己的小猫；自己创设一个情境，向别人介绍你的动物朋友。"可以看出，有着明确的情境任务意识，这为任务群读写提示了不同视角：

1. 如果请别人帮忙寻找丢失的小羊，就要真实准确地描述这只小羊的外貌、大小、毛色、叫声、走路姿势等显著特征，要真实客观、准确精练地将动物的特征交代清楚。另外，为了更容易帮助自己找到小羊，要找出这只小羊和别的动物不同的地方，最好附上照片和联系方式，以及真诚的致谢。

2. 如果要请邻居帮忙喂养小狗，就要讲清楚小狗的生活习性，外形不是最重要的。为了帮助邻居了解它，更好地照顾小狗，要把小狗的脾气、饮食等特点具体告知邻居。

3. 如果要劝说别人收养小猫，就要介绍出让的原因，简单描述小猫的外貌，重点应写出小动物的乖巧可爱、别人收养的好处，分享喂养小猫的一些快乐、自己与小动物相处的有趣故事，让同学喜欢上小猫，"动之以情"。

为了真实情境和任务更统整，我们做这样的调整：

前段时间，你们给爸爸妈妈写信，请求养只小动物，听说所有同学都达成了心愿，祝贺你们！如果有一天，你的动物朋友走丢了，如果有一天你要出差几天，要请邻居帮忙喂养你的动物朋友，或者你要搬家，得请一位同学收养你的动物朋友，如果……养宠物的过程中还会出现哪些事情？

看来我们很有必要为我的动物朋友制作一本图文资料手册，以备不时之需。这次任务，我们就一起走进"宠物观察局"，寻找让人大开眼界的养宠瞬间。

图 2-8 "宠物观察局"活动海报

【任务群读写设计】

依据教材文本和任务群读写的需要，将大任务分解为三个小任务，按"写出特点—写出感情—写出情趣"，不断推进，前层级是后层级的基础，呈"递进"

结构。(见表 2-30)

表 2-30 "宠物观察局"任务群读写设计

核心驱动问题	总任务	最终成果
为我的动物朋友制作一本图文资料手册,以备不时之需:走丢了;请邻居帮忙喂养;请同学收养……	宠物观察局,寻找大开眼界的养宠瞬间。	"我的动物朋友"图文资料手册。
分解驱动问题	**主任务**	**主产品(里程碑)**
小动物走丢了,请人帮助寻找,怎么讲清它的特征,尤其是和别的动物不同的地方?	观察记录,整理素材。学习准确描述小动物显著特征的方式,附上照片、联系电话。	观察素材记录(小动物形象卡)。
要请人帮忙喂养、收养小动物,怎么讲清楚小动物的脾气、饮食等特点,帮助邻居了解它,并以情动人,让人喜欢上它?	学习细致观察、描摹动物的神态、动作,用心体会它们的喜怒哀乐,倾注感情,生动描写。介绍收养的好处,小动物的可爱,"动之以情"。	继续丰富观察素材记录本(小动物习性篇)。
怎么叙述与小动物之间的动人故事,写出情趣、体现小动物的可爱?	展开想象,学习漫画式语言,写出小动物的可爱,叙述与它之间的动人故事等。	观察素材记录本(小动物情趣篇)。整理形成"我的动物朋友"图文手册。

任务一:写出"特点"

学习活动一:创设情境,启动项目

1.情境导入

(1)走近动物朋友。奔跑,飞舞;驻足,凝望。可爱的动物,是我们的好朋友。前段时间,同学们都养了自己的小动物,和大家分享一下吧。

(2)如果有一天你的动物朋友走丢了,你会怎么办?(请别人帮忙,讲清楚外形特征、与众不同的地方）如果有一天要请邻居帮忙喂养你的动物朋友，要和邻居讲清楚什么？如果你要搬家没法带走小动物，得请一位同学收养你的动物朋友，你会怎么和同学介绍？

2. 启动项目

看来很有必要为我的动物朋友制作一本图文资料手册，以备不时之需。从今天开始，认真细致观察，做好记录。可拍照，可图文结合。要求多视角，吸引人，有特色。

学习活动二：走近动物，捕捉画面

1. 通读单元

让我们一起走近作家笔下的动物朋友，看看他们怎么介绍记录自己的动物朋友。翻翻看，这个单元的课文都写了哪些动物朋友？它们都有什么特点？（古怪的大猫，淘气的小猫，负责、慈爱、勇敢、辛苦的母鸡，高傲、架子十足的白鹅。）

2. 捕捉画面

（1）选择一篇课文，记录作者捕捉了小动物的哪些生活画面？写在便利贴上。

（2）工作坊。小组合作，组合这些画面，形成思维导图。

学习活动三：画面组合，发现逻辑

1. 全班交流

各工作坊分别展示形成的思维导图，随机学习难点生字词语。

（1）走进《猫》。

第一层：大猫、小猫，分块组合便利贴。

第二层：大猫的古怪。按"老实—贪玩—尽职；温柔可亲——声不出；什么都怕—又很勇猛"形成分类组合。如：它既老实，又贪玩，还尽职；它高兴时温柔可亲，不高兴时一声不出；它什么都怕，但又很勇猛。

（2）走进《母鸡》。

第一层：令人讨厌、不敢再讨厌，分块组合便利贴。

第二层：每块再分为叫声、行为。如：有什么心事似的，如怨如诉，使人心中立刻结起个小疙瘩来。差不多是发了狂，恨不能让全世界都知道它这点儿成绩。

一只鸟儿飞过，或是什么东西响了一声，它立刻警戒起来。发现了一点儿可吃的东西，它咕咕地紧叫，啄一啄那个东西，马上便放下，让它的儿女吃。在夜间若有什么动静，它便放声啼叫，顶尖锐，顶凄惨，无论多么贪睡的人都得起来看看，是不是有了黄鼠狼。

（3）走进《白鹅》。

围绕高傲从叫声、步态、吃相分块。如：鹅的叫声，音调严肃郑重……不亚于狗的狂吠！这样从容不迫地吃饭，必须有一个人在旁边侍候，像饭馆里的堂倌一样要……真是架子十足。

2. 发现逻辑

（1）整合对照思维导图，发现了什么？（聚焦特点，根据素材需要，可以是并列的逻辑分类，可以是不同视角，可以是跨时间段的线索，等等。）

（2）尝试组合手头收集记录的小动物卡片素材，有目的地继续观察记录。

学习活动四：聚焦特点，迁移运用

1. 聚焦外形

（1）拓展阅读。补充《猫》的描写。

小猫白玉似的毛色上，黄斑错落得非常明显。当它蹲在草地上或蹦跳在凤仙花丛里的时候，望去真是美丽。每当附近四邻或路过的人，见了称赞说"好猫"的时候，妻脸上就现出一种莫可言说的得意，好像是养着一个好儿子，或是好女儿。阿吉、阿满这两个孩子从学校一回来就用带子逗它玩，或是捉迷藏似的在庭间追赶它。我也常于初秋的夕阳中坐在檐下对这小动物作种种的遐想。

（选自夏丏尊的《猫》，有改动）

它一身的白毛像雪似的，中间夹着数块墨色的细毛，黑白相间，白的显得越白，而黑的越发显得黑了。脸一半白，一半黑，两颗小电灯泡似的眼睛在脸中间闪啊闪，见我低下头看它，它也一个劲地盯着我。一条全黑的尾巴躺在地上，悠然自得地摇摆着。嘴张得很大，露出几颗嫩白的小齿，咪咪地叫着。那几根细鱼骨头似的白胡须，傲傲地动着。

（选自周而复的《猫》，有改动）

（2）发现秘妙。总结动物描写的秘妙。

（3）迁移运用。如果你的小动物丢失了，你要怎么介绍它，让帮助你一起寻找的小伙伴尽快找到它？为你的动物朋友写一份"动物形象卡"，同时附上动物照片和联系电话。

表2-31　"我的动物形象卡"评价标准

评价	标准
优秀	能真实客观、准确精练地抓住动物的鲜明特征。并精心选择小动物与众不同的几处特征集中笔墨特写，彰显特点。有读者意识。
良好	能真实描写小动物的特征，归类清楚，小动物的特征基本能准确鲜明。
合格	能写出小动物的特征，但特点欠鲜明，有待进一步提升。

任务二：写出"情感"

学习活动一：回顾思维导图，引发任务

1.回顾思维导图

通过前面的学习，我们知道老舍先生抓住母鸡的叫声、行为，写了开始讨厌母鸡、后来不敢再讨厌母鸡的故事。

2.引发任务

同样是叫声，为什么开始讨厌后面不讨厌了呢？

学习活动二：聚焦细节，体悟情感

1.理解"讨厌"

（1）自主阅读。自由读第一部分（出示1-3小节），说说为什么讨厌母鸡？做做批注。

（2）同桌交流。同桌之间讨论交流：为什么讨厌母鸡？

（3）全班交流。（出示句子：①……没有什么理由，讨厌！②……有什么心事似的，……如怨如诉，使人心中立刻结起个小疙瘩来。③到下蛋的时候，它差不多是发了狂，恨不能让全世界都知道它这点儿成绩。……④行为：欺软怕硬。）

（4）品味联想。连起来说一说这些红色的文字。与其说在写母鸡，不如说这是作者自己的联想。恰恰是作者的联想，让我们体会到了作者对这只母鸡的讨厌。

2. 理解"不敢再讨厌"

（1）自主阅读。同样是叫声，后来为什么不敢再讨厌？走进课文第二部分，画出写母鸡叫声的句子。（出示：①一只鸟儿飞过，或是什么东西响了一声，它立刻警戒起来。②发现了一点儿可吃的东西，它咕咕地紧叫，啄一啄那个东西，马上便放下，让它的儿女吃。③在夜间若有什么动静，它便放声啼叫，顶尖锐，顶凄惨，无论多么贪睡的人都得起来看看，是不是有了黄鼠狼。）

（2）躬身入局。用心去感受，你一定有话要说，在句子旁边做批注。（在学生交流的基础上，创设情境：不论院里、院外，它总是挺着脖儿，它歪着头听，它警戒着；发现一点儿好吃的东西……它半蹲着……它伏在地上，多么温馨、融洽，多么和谐的画面。它还教孩子啄食、掘土，用土洗澡，一天不知教多少次。那咕咕的声音一遍遍响起（播放声音），用心听，它在说什么？是小鸡还不会啄食吧？它咕咕地辅导着……孩子碰到困难了，它会怎么安慰，怎么鼓励？这两个孩子一定偷懒了、淘气了，妈妈在批评什么……妈妈有事要出去了，它把孩子集合起来，在咕咕地一遍又一遍地叮嘱什么？一个个画面，一声声叫声，展开想象，你联想到什么？请你选择一方面，大胆地发挥想象写下来。

（3）领悟母爱。选择一两个场景交流，体会勇敢、关爱、负责、辛苦。这分明就是一位母亲。——补充资料，老舍的母亲。

学习活动三：整体联结，聚焦表达

1. 联结导图

联结《猫》《母鸡》《白鹅》的思维导图，发现明贬暗褒，先抑后扬，矛盾处见性情、矛盾处见真情，从而更表达出作者的情感。

2. 联结画面

细致描摹的动作、神态，让动物形象栩栩如生，读来如临其境、真切自然。只有深深地注入情感，写出的文字才会有感染人的力量，给人留下深刻的印象。

3. 联结语言

聚焦《猫》一文中连接词、语气词，删掉对比，体会善用语气词带来的宠爱、柔和的作用，无形中表达了对小动物的感情。

学习活动四：回归生活，学习表达

1. 学习表达

捕捉小动物生活场景的某一瞬间，聚焦动物朋友的生活习性，用心去感受，眼前的画面就会变得真实，表达你的喜爱之情。

2. 交流评价

评价：同桌互评，在能感受到喜爱、感兴趣的地方做批注。

提建议：哪些画面还可以展开联想？

表2-32 "动物朋友习性篇"评价标准

等第	标准
优秀	能抓住特点有条理地描写，用心体验，合理联想描述画面，表达感情，让读者身临其境。
良好	能抓住特点有条理地描写，基本上能合理联想，从画面中基本上能表达感情。
合格	能抓住特点有条理地描写，但画面较为干涩，不能很好地展开联想、表达感情。

3.完成作品

（1）如果出差几天，请求邻居喂养小动物，怎么介绍？（讲清楚生活习性，外貌不是最重要，略写。为了帮助邻居了解它，更好地照顾它，把小动物的脾气、饮食等特点具体告知邻居。）

（2）如果搬家，请求别人收养你的小动物，你怎么介绍？（简单描述外貌，重点应写出关于小动物的趣事，关键要抓住一个"趣"字。分享喂养小猫的一些快乐，让同学喜欢上小猫。）建议感情真挚，图文并茂。

任务三：写出"情趣"

学习活动一：回顾梳理，链接导图，聚焦情感。

1.聚焦画面

（1）聚焦特点。（出示图片）通过前面的学习，我们认识了一只怎样的白鹅？（"好一个高傲的动物！"）

（2）回顾画面。课文从哪些地方看出"白鹅的高傲"？（分别从叫声、步态、吃相，在相应处批注。）

2.体会感情。

作者是喜欢还是不喜欢？（字里行间充满着宠溺。）

学习活动二：聚焦吃相，品味情趣

1.聚焦吃相

（1）找一找，哪些画面让你觉得忍不住想笑？做批注。自由阅读，找出描写吃相的句子。

（2）讲一讲。同桌之间相互讲一讲，你仿佛看到了什么画面？

（3）读一读。同桌间读一读，读出画面。

2.品味情趣

（1）"三眼一板"。（出示句子："先吃一口冷饭，再喝一口水，然后再到别处去吃一口泥和草。大约这些泥和草也有各种可口的滋味。这些食料并不奢侈，但它的吃法，三眼一板，一丝不苟。"）这样的画面我们用一个词来说是"三板一眼"(贴生字卡片)。——展开想象,情境朗读:早上吃饭,它先吃一口冷饭,再喝一口水,然后再到别处去吃一口泥和草。中午吃饭,它先吃一口冷饭,再喝一口水,然后再到别处去吃一口泥和草。晚上吃饭,它先吃一口冷饭,再喝一口水,然后再到别处去吃一口泥和草。哈哈,不过是吃冷饭,水,泥和草,却吃得(像吃不同的大餐,优雅,有点高傲)。

(2)鹅狗智斗。(出示画面:每逢它吃饭的时候,狗就躲在篱边窥伺。)展开想象,狗在窥伺,鹅在高傲地吃着饭,好像(看到了狗在窥伺,好像在说"好想吃",白鹅好像在说"本老爷的食物谁敢抢"。好玩!狗好像在说"兄弟赶紧吃呀……")。如果给画取个名字,叫什么?(狗鹅智斗图)

(3)堂倌侍候。(出示图文,堂倌侍候老爷图。句子:"这样从容不迫地吃饭,必须有一个人在旁边侍候,像饭馆里的堂倌一样……真是架子十足。")堂倌是谁?这可是大名鼎鼎的大作家,把鹅叫作鹅老爷。

3.小结写法

这样幽默又有点夸张的语言我们叫作"漫画式语言"。

学习活动三:举一反三,探究情趣

1.自主阅读

像这样漫画式的语言,文中还有哪些?默读第3、4自然段,找找漫画式语言。

2.聚焦叫声

(1)结合字理。(出示句子:鹅的叫声,音调严肃郑重……不亚于狗的狂吠!)重点识字:"嚣"字,四个口,感受到什么?(声音很响。)

(2)聚焦词语。像这样声音的词,文中还有很多,读一读。(严肃郑重,厉声呵斥,厉声叫嚣,引吭大叫。)

(3)想象画面。仿佛看到它昂着头,起劲地叫着,尽职守门。

3.聚焦步态

(1)理解净角。(出示:鹅的步态……竟伸过来颈子来咬你一口。)语境识字：净角。

（2）观看视频。什么感觉？（大摇大摆，从容的样子，好像头上顶着一罐水，有趣。）

（3）对比凸显。阅读链接《白公鹅》，比较步态（出示：姿态图）。净角出场，想不到是一只鹅，通过对比更有趣。

学习活动四：整合拓展，表达运用

1. 整合拓展

（1）一个画面，通过幽默、夸张的语言一写就充满情趣，这就是语言的魅力。把这样漫画式的画面语言画下来、连起来就是一本漫画。

（2）如果说老舍先生对猫是明里暗里的喜欢，对母鸡欲扬先抑更是敬畏，那丰子恺对白鹅是喜欢还是不喜欢呢？（板书：明贬实褒。）这种表达也增加了语言的情趣。

（3）课外推荐：丰子恺《手指》《阿咪》；王小波《一只特立独行的猪》；黄永玉《比我老的老头》。品味漫画式语言。

2. 表达运用

回忆养小动物过程中的一个个生活场景，把某个场景用漫画式的语言描写出来。画一画，用图文结合的方式来介绍一种动物，让别人喜欢上你的动物朋友。

表 2-33 "动物朋友情趣篇"评价标准

等第	标准
优秀	运用夸张、对比等漫画式语言，文章充满画面感和情趣，让人读起来忍俊不禁。
良好	能较好地写出场景，学习运用漫画式语言，体现情趣。
合格	基本上能够写出场景，语言表达上的情趣性有待努力。

学习活动五：完成手册，展示成果

1.完成手册

（1）撰写目录。思考你的动物朋友可能会遇到哪些情况，根据实际需要，你准备在这本图文手册中介绍它的哪些方面的特点？撰写目录。

（2）完善内容。整理阶段成果"观察记录卡"，完善手册内容。建议：图文并茂，如果有小视频，可以放二维码；注意语言，表达自己的感情，同时让别人喜欢你的动物朋友。

（3）设计封面。基于手册内容设计封面，并为你的图文手册取一个题目。

2.成果展示

把成果放成一排，让学生自由、自主学习阅读，并在表格相应处打分。可以分别设立创意奖、美观奖、美文奖、有趣奖。

思辨性阅读与表达

"探险游戏文案"设计师
——五年级下册第六单元

【任务群读写概述】

统编教材五年级下册第六单元人文主题为"思维的火花跨越时空，照亮昨天、今天和明天"，《自相矛盾》《田忌赛马》《跳水》三篇课文展现了不同时期、不同国度的人物的思辨与智慧。习作《神奇的探险之旅》旨在运用习得的思维方法，根据情境创编探险脱困故事，把事情发展变化的过程写具体。阅读、表达的要素都是聚焦"思维"，归属"思辨性阅读与表达"学习任务群。

课标中该任务群第三学段的学习内容指出："阅读哲人故事、寓言故事、成语故事等，感受其中的智慧，学习其中的思维方法。"思辨能力的培养是该任务群读写设计的出发点和旨归。

从教材的语文要素来看，有两条发展线索：一是讲故事。几个课后题可见一斑："用自己的话讲讲这个故事。""默读课文，用自己的话讲讲田忌赛马的故事。""默读课文，想想故事的起因、经过和结果，把下面的内容填写完整，再讲讲这个故事。"从教材编排看，低年级教材中提供了插图、关键词、表格、思维导图等多种易教便学的支架，学生在练习中用好这些支架，就能掌握讲故事的能力。中年级为巩固与提升讲故事的能力，高年级为创造性地讲述故事，本单元讲故事的主要目的在于把握主要内容，更多的是突出思维含量。

二是思维能力。学生在中低年级接触过一些有思维含量的课文，按照思辨性阅读与表达的层级梳理如下：

表2-34 "思辨性阅读与表达"小学课文梳理

思维层级	课文	思维概述
看"事物异同"（态度与意识）	小兔运南瓜（一上）	初步接触"动脑筋想办法"。
	曹冲称象（二上）	认知"梳理问题—分析条件—推理辨析—创新解决"的思维过程。
	玲玲的画（二上）	
	小马过河（二下）	抓住本质，分析条件，大胆尝试。
辨"事理不同"（思维决定行动）	司马光（三上）	逆向思维解决问题。
	王戎不取道旁李（四上）	观察、推理与判断。
	西门豹治邺（四上）	以其人之道还治其人之身。
析"理证联系"（认知—洞察—创新）	自相矛盾（五下）	洞察、联系、创意。
	田忌赛马（五下）	布局谋划、创新思维。
	跳水（五下）	整合、逻辑等创新思维的敏捷性。

本单元课文的重要特点是人物的思维过程没有在文中直接写出，而是隐藏在文字背后。《自相矛盾》中"以子之矛陷子之盾，何如"透露出全面联系看问题的智慧；《田忌赛马》中孙膑通过观察分析，调换马的出场顺序，取得胜利，体现了全盘联系、谋划的创新智慧；《跳水》中，船长在综合考虑天气、人力、工具、孩子状态等，瞬间果断决策，救下孩子，体现了严密的逻辑思维和思维的敏捷性、创新性。可以说，思维贯穿了整个过程，直觉思维、形象思维、辩证思维、逻辑思维、创新思维交织在一起，相辅相成。而习作《一次神奇的探险之旅》引导学生通过将场景、任务、险情、工具和策略等各种因素进行逻辑

缜密的关联，创编有思维含量的作品。学生在创编故事中进行的合乎逻辑的联结，正是发展思维的体现。思辨性阅读与思辨性表达完美耦合，蕴含着的"梳理条件—辨析辨别—决策创作"思维方法，正是本单元体现的大概念。

【任务群读写目标】

1. 阅读课文，在任务学习中深入理解文章，了解人物的思维过程，语境识字。用讲故事的方式还原人物的思维过程，加深对课文内容的理解，懂得要根据实际情况选择合适的解决问题的方法。

2. 迁移运用思维方法，合理想象，全面构思，创编有思维含量的探险故事，把遇到的困境、求生的方法写具体，并运用修改符号，尝试修改自己的文章。

3. 养成"梳理条件—辨析辨别—决策创新"的思维习惯，并能在生活实践中运用，逐步体悟"思维的深度决定行动的高度"。

【评价建议】

1. 作为学习的评价

（1）过程表现。阅读相关探险故事书籍，阅读时能关注并梳理探险故事中主人公困境求生的策略及思维方式；能积极参与小组合作，学会合作学习；给同学的成果以中肯、礼貌、建设性的评价与建议。根据过程中的个人表现、小组合作等行动表现评价相应等第。

（2）过程资料。学生在创编作品中的过程性成果，包括课内、课外阅读过程中图表、示意图等支架，拓展阅读的广度，以及阅读探险故事中的梳理、批注、记录等资料，根据完成质量评价相应等第。

2. 促进学习的评价

探险准备，制造险情，几次探险解困方案的修改等节点评价（见下表相关分项标准）。

3.关于学习的评价

表2-35 《探险游戏文案》设计评价量表

评价内容	具体描述	水平
场景	能体现场景的地方特点，有画面感，把读者带进场景中。	3
场景	有序写出场景，基本上能体现场景特点。	2
	体现场景特点时有点泛泛而谈，需再努力。	1
困境	设置的困境让人有代入感，让人能感到身临其境，有创意。	3
	能设置困境，同时能较详细地创设困境氛围。	2
	能写出两三个困境，但较为平淡，在紧张的困境氛围描述上需再努力。	1
情节	一波三折，以波浪式推进，环环相扣，引人入胜。	3
	有"遇险—解困—再遇险—再解困"的情节设计，但情节推进较为平常。	2
	情节较为平淡，在更好地展开故事场景上尚需努力。	1
思维	解除险情的过程有"分析—比较—辨别—创新"的思维过程，体现较高的思辨能力。	6
	接触险情有一定的方法，能分析问题，基于条件解决问题的过程中体现的思维层级一般。	4
	接触险情基本上停留在巧合、意外等情节，没能体现较高级的思维含量。	2
总评等级	优秀：12—14分；良好：9—11分；合格：6—8分。	

【驱动性问题】

你喜欢探险吗？玩过探险类游戏吗？让我们一起为游戏公司设计一份"探险之旅"游戏文案。

【任务群读写设计】

依据教材文本和任务群读写的需要，将大任务分解为三个整体性、递进性的子任务，呈现从"学"到"用"的过程，促进学生综合思维螺旋式上升发展。

表2-36 "探险故事文案设计师"任务群读写设计

核心驱动问题	总任务	最终成果
掌握思维方法，运用思维方法创编探险游戏方案。	创作一份有思维含量的探险游戏方案。	神奇的探险之旅游戏方案。
分解驱动问题	主任务	主产品（里程碑）
如何组队、准备装备、确定目的地、制造险情？	构思探险之旅。	探险准备故事片段、险情片段。
如何切中本质思考方案？如何洞察全局优化方案？如何审时度势优化方案？	学习困境求生（学习三篇课文，思维建模）。	困境求生方案思维导图。
如何展开合理想象，把困境求生方法写具体？	完成探险之旅游戏方案。	神奇的探险之旅游戏方案成果展。

任务一：构思探险之旅

学习活动一：启动项目，准备旅程

1. 启动项目

你喜欢探险吗？你读过有关探险的书吗？说说看。（如《地心游记》《八十天环游地球》《汤姆·索亚历险记》《鲁滨逊漂流记》等。）

探险总让人惊心动魄，有一家游戏设计公司想征集探险游戏文案，我们一起当一回游戏设计师，开启一场神奇的探险之旅。

2. 谈论标准

你认为好的探险游戏文案应该是怎样的？

（1）场景吸引人，遭遇很神奇。

（2）情节吸引人，一波三折。解决了一个险情，又冒出另一个险情，引人入胜。

（3）破解有思维含量。比较两个探险之旅文案（一个情节一波三折，但困境的解决为刚好遇到什么意外帮忙等。另一个探险文案，遇到困境的解决方法充满思维含量），评评看，如果你是玩家，你更喜欢哪个探险游戏？（充满思维含量。）

3.准备旅程

（1）组建团队。你希望和谁一同去探险？这里有两列人物（出示课本中准备的人物），你需要从每一列中各选一个，和你一起组成一支探险小队。

（左边一列的人物看起来很给力，险情出现时，你为自己选的无所不能的高人可以帮助你。比如在热带雨林中，当你粮食短缺，知识渊博的生物学家一定能带大家走出困境；当你面对悬崖峭壁无路可走时，经验丰富的探险爱好者一定有办法让你脱身。右边一列的人物有些不靠谱，但不靠谱有不靠谱的妙处。比如在沙漠里，你将盛水的袋子交给"好奇心强、性格活泼的妹妹"，但被她稀里糊涂弄破了；也有可能好奇的妹妹到处摸索，开启了某个发现。再比如，你们所有的食物让"胆子大但行事鲁莽的表哥"带着，在一场意外中被暴雨冲走了，等等，都给故事增加了很多惊险和意外。）

（2）确定目的地。你准备去哪儿探险？（去热带雨林、去畅游海洋、去沙漠、去洞穴等。）

（3）准备装备。本次任务围绕"探险"，有了"险情"，就要考虑应对这些危险需要什么装备。（比如去沙漠，水和骆驼、地图、指南针等是必备的。去荒岛求生，火机、刀、帐篷是必备的。总之，需周到考虑衣食住行的必需品，还有药品等。）

学习活动二：搜集资料，制造险情

1.搜集资料

有了目的地，就要收集资料，可以去图书室查阅图书，可以咨询老师，可以上网搜索。譬如想去热带雨林，就要搜集那儿的气候特征、降水、植被覆盖情况，生活的动物、植物等。如果喜欢恐龙，可以查一查它生活在什么年代、生活环境如何、分为哪些种类、不同恐龙有什么不同的特点。总之，喜欢的东西在哪里，你就去哪里。喜欢面包树，就可以去热带森林；喜欢大蜥蜴，可以去茫茫大漠。）

2. 制造险情

（1）头脑风暴。发挥想象，可能会遇到哪些困境？（写在便利贴上，工作坊讨论，分分类，比如从衣食住行角度。）

（2）课外阅读。拓展阅读《地心游记》《八十天环游地球》《汤姆·索亚历险记》《鲁滨逊漂流记》，主人公遇到了哪些困境？

（3）制造险境。发挥想象，把可能遇到的险境写下来。同时写一写准备探险的片段。

任务二：学习脱险思维

接下来就是我们"探险游戏文案"中最重要的部分了——如何困境求生。我们要走进一些经典故事，好好学习面临困境时求生的策略和思考的方式。

学习活动一：聚焦"矛盾"，引入思维

1. 走进矛盾

阅读《自相矛盾》，字理识字"矛""盾"，理解其作用。了解故事。

（1）自由读课文，结合注释理解课文。重点指导：

"以子之矛陷子之盾，何如？"

"夫不可陷之盾与无不陷之矛，不可同世而立。"

（2）再读，结合意思，读出停顿、节奏。

（3）用自己的话说说这个故事。

2. 揭示矛盾

（1）抓住本质。（我们来抒一抒，形成思维导图第一部分。）矛的功能是进攻，所以需要很锋利，买矛的人都希望自己的矛"于物无不陷也"。盾的功能是防御，需要特别坚固，买盾的人都希望自己的盾"物莫能陷也"。

（2）了解诉求。会有什么诉求？（增加导图第二部分。）

横着看，没矛盾呀。矛盾在哪里？（自相矛盾："以子之矛陷子之盾，何如？"增加纵向箭头。）

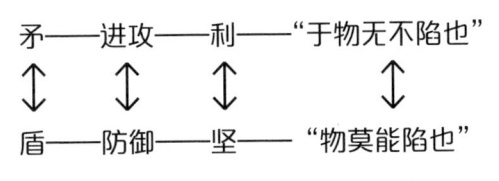

$$矛——进攻——利——"于物无不陷也"$$
$$\updownarrow \quad \updownarrow \quad \updownarrow \quad \updownarrow$$
$$盾——防御——坚——"物莫能陷也"$$

图2-9 《自相矛盾》板书示意图

（3）揭示矛盾。借助导图说说"其人弗能应也"的原因。（关键在指的是同一个"物"，自相矛盾。）

3.整合矛盾

（1）有没有办法让"矛"和"盾"整合起来？（师生讨论：打破"自相"，擦掉箭头）整合功能（加上框框整合）。

（2）拓展阅读《矛和盾的集合》，形成"发现问题—解决问题"的思维导图。

矛和盾的集合

发明家手持矛和盾，与朋友比赛。

对方的矛如雨点般向他刺来，发明家用盾左抵右挡，还是难以招架。在这紧张危急的关头，发明家忽然想出了一个办法："盾太小了！如果盾大得像一个铁屋子，我钻在铁屋子里，敌人就一枪也戳不到我了！"

可是，这样固然安全，自己却变成了只能缩在壳里保命的缩头乌龟或蜗牛。自卫，是为了更好地进攻啊！

对了，在铁屋子上开个小洞，从洞里伸出要进攻的"矛"——枪口或炮口。当然，这铁屋子还要会跑，得装上轮子，安上履带。于是，发明家发明了坦克。

坦克把盾的自卫、矛的进攻合二为一，在战场上大显神威。1916年，英军的坦克首次冲向战场。德国兵头一回见到这庞然大物，吓得哇哇直叫，乱成一团，一下子退了十公里！

是的，谁善于把别人的长处集于一身，谁就会是胜利者。

（3）补充阅读《鲁滨逊漂流记》，梳理小岛求生方法，提炼思维方式（变通、集优）。

4.思考方案。思考前面"探险游戏文案"中罗列的困境，思考：哪些困境也是可以通过整合变通解决？或者你又想到哪些困境可以用这样的策略解决，可以继续补充罗列困境，提出困境求生方案。

学习活动二：洞察《赛马》，了解思维

1.走进故事

初读《田忌赛马》，用自己的话简单概括这个故事。（田忌与齐威王赛马，孙膑为田忌出谋划策，最后赢了比赛。）语境识字："赢"；策，拓展"出谋划策、束手无策、万全之策、走为上策"，"策"就是办法；理解"门客"（为个人出谋划策的人），"军师"（为国家或君王出谋划策的人）。

2.复盘思维

（1）梳理问题

①排列齐威王与田忌的马的速度：第1名，齐威王的上等马或田忌的上等马；第2名，齐威王的上等马或田忌的上等马；第3名，齐威王的中等马或田忌的中等马；第4名，齐威王的中等马或田忌的中等马；第五名，齐威王的下等马或田忌的下等马；第6名，齐威王的下等马或田忌的下等马。（如果固定思维下对决，结果是不确定的。因此，要经常训练赛马思维。）

②排列组合。四年级数学中学过排列组合。回忆一下，用最快的速度呈现集中对阵图，会有几种对阵图。（黑板上呈现6种对阵图。）

③比较判断6种对阵图的输赢情况。（一种对阵必定输，一种对阵必会赢，四种对阵输赢无法确定。）明确田忌出谋划策的对阵图，谈理由。

（2）分析条件。假设出现什么情况，这种布阵就不会赢？

①条件一：识马，脚力相差不大。（出示：田忌经常同齐威王及贵族们赛马。

孙膑看了几场比赛后发现，大家的马脚力相差不大，而且都分成上、中、下三等。）读懂了什么？（大家的马脚力相差不多——同等级的马速度差不多；都能分成上、中、下等——不同等级的马速度有差距。）

②条件二：识人，齐威王不调换顺序。

（3）推理判断。

借助板书，连起来还原田忌的思维过程。

（4）验证结论。

①一起走进比赛现场。（引读：田忌和齐威王的对阵就要开始了。比赛双方摩拳擦掌，跃跃欲试，观众们也兴致勃勃地猜测着比赛结果。）

第一场：田忌（下）对齐威王（上），输。田忌不动声色。

第二场：田忌（上）对齐威王（中），赢。田忌微微一笑。

第三场：田忌（中）对齐威王（下），赢。田忌满意地笑了。

②采访田忌：不动声色、微微一笑、满意地笑了时，心里怎么想的？（一切都在掌握中。）

3.优化方案

（1）拓展阅读。补充阅读历史上运用谋略取得胜利的故事《围魏救赵》《空城计》《草船借箭》，借助表格梳理取胜谋略思维。

表2-37　取胜谋略思维梳理表

抓住本质	分析条件	辨别分析	创意解决

（2）统整图式。统整表格，提炼图式：聚焦问题本质—分析条件—辨别分析—创意解决。

（3）回到探险游戏文案设计。针对险情，通过"聚焦问题—分析条件—辨别分析—创意解决"的思维过程写一个困境求生的片段。（评价标准见"评价建议"）。

学习活动三：思辨《跳水》，提升思维

1. 聚焦问题

走进故事：课文围绕跳水讲了一件什么事？

质疑：从桅杆下来有很多办法，为什么要用跳水救援？

2. 梳理条件

（1）客观要素。让我们继续走进故事，捋一捋事情的来龙去脉。（水手拿猴子取乐，猴子拿了孩子的帽子。孩子气极了，去追猴子，猴子把帽子放到桅杆的横杆上，孩子去拿，下不来了。船长命令孩子跳水，救下了孩子。）形成导图。（铺垫横杆高、水手、孩子、海等条件要素。）

（2）主观要素。

①继续走进故事，思考：为什么孩子一步一步陷入危险？默读课文第1—4自然段，在文中画出体现孩子的表现以及猴子、水手表现的句子。

猴子的表现：	水手的表现：
猴子忽然跳到他面前，摘下他的帽子戴在自己的头上，很快地爬上了桅杆。猴子坐在桅杆的第一根横木上，摘下帽子来用牙齿咬，用爪子撕……猴子不但不理，还撕得更凶了。……猴子比他更灵巧，转身抓着桅杆又往上爬。猴子……坐在桅杆的顶端，扭着身子，龇牙咧嘴做着怪样。	一只猴子在人群里钻来钻去，模仿人的动作，惹得大家哈哈大笑。水手们又大笑起来，只有那个孩子哭笑不得，眼巴巴地望着猴子坐在桅杆的第一根横木上，摘下帽子来用牙齿咬，用爪子撕，好像故意逗他生气。水手们笑得更欢了，孩子却气得脸都红了。他脱了上衣，爬上桅杆去追猴子。

②连起来，发现了什么？（猴子越来越放肆，就是在逗孩子生气，孩子果然走上了最高的横木。）

③左右联系，又发现了什么？（水手从哈哈大笑—大笑起来—笑得更欢了，水手的哄笑令猴子肆无忌惮、得意忘形，才敢去摘孩子的帽子……水手的第二

次和第三次笑伤到了孩子的自尊心。孩子越来越生气，才会要夺回帽子，一步步爬上最危险的横木。）

（3）连起来有感情地朗读。

3. 推理判断

（1）就在这千钧一发的时候，船长出现了。出示：

　　他本来是想打海鸥的，看见儿子在桅杆顶端的横木上，就立刻瞄准儿子，喊道："向海里跳！快！不跳我就开枪了！"孩子心惊胆战，站在横木上摇摇晃晃的，没听明白他爸爸的话。船长又喊："向海里跳！不然我就开枪了！一！二！"刚喊出"三"，孩子纵身从横木上跳了下来。

船长为什么要用枪逼着儿子跳水呢？

（2）讨论：他想到了哪些后果？

①孩子往回走，但是横木太窄，孩子不能转身。

②孩子原地不动，等着人来救，但孩子很害怕，担心撑不了那么久。

③风平浪静，孩子跳下海，水手会第一时间把他救上来，孩子没有生命危险。

（3）连起来说说船长的思维过程。

（4）这么严密的思维过程，课文为什么不写，而是说"立刻"？（文章的留白。事情紧急，要迅速判断。这就是思维品质。）

4. 验证结论

引读课文最后一段。

5. 创新方案

回到探险游戏文案的困境求生，有没有新的启发？选择一两个困境，创新方案，解决问题。

任务三：完成探险之旅

学习活动一：群文阅读，思维建模

1. 群文阅读

（1）再读《八十天环游地球》中购买大象、乘上"仰光号"，《汤姆·索亚历险记》岩洞受困,《骑鹅旅行记》中驱逐灰老鼠等片段,梳理解困思维。

（2）思维建模

整合思维过程导图,归类,提炼思维方法。

学习活动二：迁移运用，困境求生

1. 自主学习

回顾历险险情，分析条件，迁移运用思维方法，提出解决问题思路。

2. 小组交流

完善方法，丰富困境求生方案。

学习活动三：展开想象，具体描写

展开想象，把困境求生的方案写具体：随行的团员发挥什么作用？大家如何齐心协力解除险情？注意人物的动作、语言、神态、心情等。注意细节描写，给人以身临其境之感。

学习活动四：整合情节，完成作品

1. 小组分工，注意情节过渡。

2. 完成作品，展示成品，相互评价。

第三章
"任务群读写"方案现场

七巧板摆娃娃
——二年级上册"叙事四要素"教学实录

学习活动一：看看聊聊，明确要素

师：孩子们，喜欢旅游吗？

生：喜欢。

师：分享一下，你都去过哪里？

生：我暑假去过大连！

师：很凉快，对吧？

生：我去过北京。

生：我去哈尔滨玩了。

（还有很多小手举起来。）

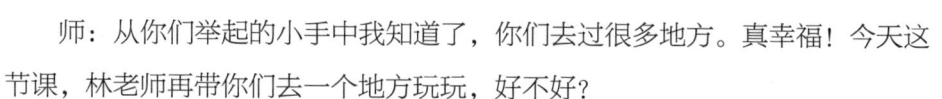

师：从你们举起的小手中我知道了，你们去过很多地方。真幸福！今天这节课，林老师再带你们去一个地方玩玩，好不好？

生：好！

师：（课件：创造出乘车旅游情境）准备好了吗？上车，出发！汽车拐了个弯，沿着大路一直往前走，一路上花儿向我们点头微笑，我们开心地唱起了歌。不一会儿，到了！亮起眼睛仔细看，我们到哪里了？

生：动物园。

生：猴山。

师：(贴出菱形图形"到动物园")看，动物园的猴山上有这么多可爱的猴子。你去动物园干什么？

生：我去看猴子表演。

生：我去给猴子喂食。

师：(贴出几何图形"看猴子")是呀，看看猴子，喂喂猴子，多么开心的一件事。快乐的时候，我们要记住这个时刻。仔细看，时间就藏在图画里，这是什么时候？

生：早晨。

师：嗯，从一天来说，可以说是早晨。还可以是……

生：中午。

生：下午。

生：星期天。

师：可以，从一个星期来说。

生：丹桂飘香的星期天。

师：他用了一个词"丹桂飘香"，如果从一年四季来说，丹桂飘香是什么季节？

生：秋天。

师：孩子们仔细看，这是什么季节？

生：这是春天。

师：你怎么看出来的？

生：因为草绿了，树叶也特别绿，花开了。

生：秋天的时候草是黄的，树的叶子都落了。

师：你真会观察，你的眼睛真亮，春天到了。(贴出圆圈图形：春天)孩子们，不知不觉，我们已经了解了这么多问题。(贴出三角图形：我们)

学习活动二：说说玩玩，学习叙事

师：把它们连起来就是一个句子娃娃。谁会说？

生：春天，我们到动物园看猴子。

师：会说的孩子都大声地说出来吧。

生：春天，我们到动物园看猴子。

师：看，头、身体、脚，句子娃娃跑来了（边说边摆，形成一个奔跑的"句子娃娃"）。欢迎一下！

春天

我们

到动物园　看猴子

（生边笑边鼓掌欢迎。）

师：其实呀，句子娃娃会变魔术，把它们的顺序变一变，就会再变出一个句子娃娃来。（边说边摆出另外四个相同内容的词语）。我把眼睛闭上，等我睁开眼睛的时候，我要看看有多少孩子能够变出来了？一、二、三……

生：我们春天到动物园看猴子。

师：你真能干！加个"在"更通顺。

生：我们在春天到动物园看猴子。

师：能干，你也会了！一起说出来吧。

生：我们在春天到动物园看猴子。

师：看，帽子、头、身体、脚，句子娃娃走过来了（边说边摆，形成一个走路的"句子娃娃"）。

```
        我们
      春天
   到动物园
           看猴子
```

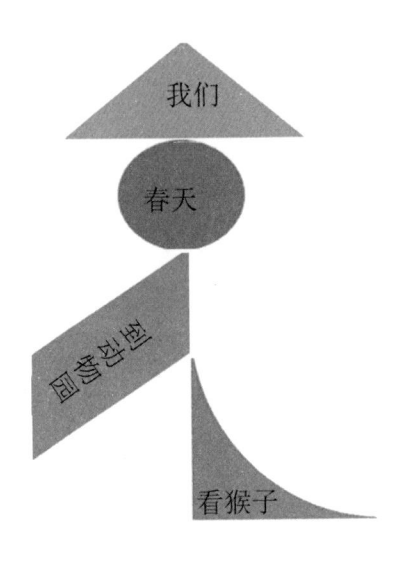

（生鼓掌欢呼。）

师：一个完整的句子有一样东西可不能少，你亮起眼睛仔细看，（在句子旁边板书："。"）——什么？

生：句号。

师：拿出手和林老师一起写一写（在另一个句子上加上句号）。

师：这个句子娃娃特别听话，它喜欢把自己的耳朵露出来（在第一个句子相应位置加上逗号），这是什么？

生：逗号。

师：伸出手指，和林老师一起写一写，点一点一条小尾巴。

师：有了它，我们说话的时候就可以在这里吸一口气。会读吗？

生：春天，我们到动物园看猴子。

师：你语感真好！

生：春天，我们到动物园看猴子。

师：这就是语感呀，孩子们，一起来。

（生齐读。）

师：这个句子娃娃也很听话，但它把耳朵藏起来了（指第二个句子）。所以呀，读的时候就一口气读下去，不吸气。来，用最好听的声音读出来。

生（齐）：我们在春天到动物园看猴子。

师：多可爱的句子娃娃，林老师想给它们打扮打扮。谁会说"怎么样的春天"？

生：美丽的春天。

师：可以。

生：快乐的春天。

师：好的。

生：五彩缤纷的春天。

师：不错。

生：柳绿花红的春天。

师：想起来了，我们前面学过的词语都可以用来打扮春天。（课件出示：春回大地 万物复苏 柳绿花红 莺歌燕舞 冰雪融化 泉水叮咚 百花齐放 百鸟争鸣）

生：春回大地的春天。

师：春回大地什么意思？

生：就是春天。

师：那林老师有个问题，春天的春天可以吗？

生：不可以。冰雪融化的春天。

师：真能干，一点就通，这就是会学习。

生：莺歌燕舞的春天。

生：泉水叮咚的春天。

师：来，孩子们，把积累的词语都用起来，开列火车说说看。火车火车哪里开？

生：（略）

师：有了这么多漂亮的帽子，句子娃娃可不一样了。林老师呀，还想给它穿条裙子，谁会说"怎样地到动物园"？

生：兴奋地到动物园。

师：嗯。

生：开心地到动物园。

师：好的。

生：快快乐乐地到动物园。

师：谢谢你！你看，打扮好的句子娃娃多漂亮。我会说："柳绿花红的春天，我们高高兴兴地到动物园看猴子。"我还会说："我们在莺歌燕舞的春天开开心心地到动物园看猴子。"你会怎么说？选一个娃娃说说看。先在心里默默地说，会说了你就站起来，然后开始准备另一种说法。

生：（自由准备，然后陆续从位置上站起来。）

师：聪明的孩子不仅会说，还很会听。我耳朵听他，眼睛看你们，找找谁是最聪明的孩子。

生：莺歌燕舞的春天，我们兴奋地到动物园看猴子。

师：好的，请和他说的一模一样，包括帽子、裙子都一样的孩子坐下，想到不一样的说法，等下还可以再站起来，哪怕只是换一种帽子。

生：我们在冰雪融化的春天，开开心心地到动物园看猴子。

生：在春暖花开的春天，我们到动物园快快乐乐地看猴子。

（学生非常活跃，语言灵动，充满童趣，现场不时响起阵阵掌声。）

师：还有这么多不一样的句子娃娃呀，站着的孩子都大声地说出来吧。

生：（站在位置上自由地说。）

师：经过打扮，两个娃娃又变成了这么多不一样的句子娃娃，孩子们真能干！来，轻松一下，送大家一首小儿歌。

摆，摆，摆娃娃，/ 头、身子，加上脚——/ 一个娃娃跑来啦！

摆，摆，摆娃娃，/ 帽子加头、身子、脚——/ 句子娃娃走来啦！

摆，摆，摆娃娃，/ 戴上帽，穿上裙——/ 句子娃娃真漂亮，/ 真漂亮！

（在音乐声中，学生边拍边读，做课中操。）

师：来，我们继续打扮句子娃娃。其实呀，林老师最想打扮的是这件事情——看猴子，怎么看的？先看到什么，后看到什么？我们也给它打扮打扮，好吗？

生：好！

师：来，先到这儿看看，拿个放大镜仔细看（课件：将图上猴山上猴子部分放大），你看见什么？

生：我看见一只猴子把香蕉顶在头上玩。

师：（指图上相应的猴子）你看到的是这一只对吗？

生：（点头）嗯。

师：你说得很清楚，我就找到了，谢谢你！

生：我看见一对猴子母子在山脚下靠在那里说悄悄话。

师：他看见的是——

生：（指着图上相应的猴子）那两只。

师：（竖大拇指）说明你也说得好。

生：一只猴子没事情干，就把自己的尾巴吊在树枝上荡秋千，还有一只猴子爬到山顶上，一边看风景，一边吃苹果。

师：哎呀，真能干！找到了吗？

生：（指着图上相应的猴子）找到了，是那只。

师：不急不急，旁边更好玩呢，我们也到旁边看看吧。（播放视频）你还看见了什么？

生：我还看见一只猴子抓住一条绳索荡到了另一边去了。

生：我看见还有几只猴子爬过吊桥，然后钻进滚轮，躲在那里滚了起来。

生：（抢着发言，略。）

师：孩子们，你们东跑跑西跑跑，看到的可真多。来，把你看到的说给你的同桌听吧。

生：（同桌兴奋地相互叙述着自己看到的猴子。）

学习活动三：写写评评，规范格式

师：孩子们，林老师真不忍心打断你们，多么开心的一件事呀。可有人说，把快乐的事情写下来就可以成为永远的记忆。林老师呀，把它写到了我的写话本里。看，我要说话啦！（出示：柳绿花红的春天，我们高高兴兴地去动物园看猴子。）你发现了什么？

生：我发现标点符号要占一格。

师：嗯，逗号、句号在一个格子的左下角。还有没有发现？

生：开头要空两格。

师：这是个重大发现。开头的两个空格像小喇叭一样，告诉别人我要说话啦！第一行写完了就顶格写。有时间还可以再写一写我看见了什么（出示：我看见……），把自己看到的告诉大家。

师：打开写话纸，拿起笔，头正、身直、脚放平。

（出示图。学生写话，教师巡视，调整写字姿势。）

师：写好了，先自己检查，然后举手，林老师会到你那里面批改。做得好的孩子，老师请你当小老师。

（教师批改，并选定小老师，在对小老师的面批中传授批改关注点：开头空两格、标点、好词好句。小老师越来越多，课堂基本处于生生合作状态，教师开始巡视学生的合作情况，进行适度指导。）

师：孩子们，时间过得真快，没写好或者没批改的孩子下课后可以继续找这些小老师帮忙。五秒钟倒计时，看谁最先回到自己的位置。5，4，3，2，1——

学习活动四：整理整理，形成图式

师：我们整理整理。通过这节课的学习，林老师有个问题想问问你们（出示：四种图形相加），圆圈＋三角形＋平行四边形＋小弧角＝？

生：等于"句子娃娃"。

师：（出示："句子娃娃"）句子娃娃呀，会变魔术，换换位置会变出不同的句子娃娃，打扮打扮又会变出好多好多不一样的"句子娃娃"。我们长大以后还会学到很多很多句子。句子多了，就可以组成一篇作文，那你就可以成为小作家。未来的小作家们，来，带上写话纸和你的学具，把椅子推到桌子底下，从这里退场！

学会讲有趣的故事
——三年级下册第八单元教学实录

任务一：矛盾中见有趣

学习活动一：启动任务，感受有趣

师：（播放视频报道）我国的原创动漫作品有50%以上是亏本的，究其原因，国产动漫的绘画、定型、二维、三维等能力基本已经达到国际领先水平，但最大的问题是不会讲故事。我们的故事讲述很少有新鲜有趣、出人意料的东西。在国外，故事是最受重视的。这次的任务群读写，我们要"学会给观众讲一个有趣的故事"。先来玩一个对对碰的游戏。我说"胖"——

生：我说"瘦"。

师：我说"慢"。

生：我说"快"。

师：我说"大方"。

生：我说"小气"。

师：我说"大个子"。

生：我说"小个子"。

师：你发现了什么？

生1：我发现它们都是矛盾的。

生2：我发现意思还是相反的。

师：加上主角，我说"胖驴"，请你来——

生：我说"瘦马"。

师：我说"大个子兔"。

生：我说"小个子狼"。

师：我说"慢性子裁缝"。

生：我说"急性子顾客"。

师：有意思吗？矛盾总会带来很多有趣好玩的事情。今天我们一起走进一个充满矛盾的故事——《急性子顾客和慢性子裁缝》。

师：同学们再次快速浏览课文，用自己的话简单说说发生了什么事。

生：(略。随机形成表格。)

师：表格能够帮助我们快速理清故事情节，竖着来看一看，你有什么发现？好，女孩子你来。

生：竖着是故事发生的时间，分别是第一天、第二天、第三天、又过了一天。

师：原来这个故事就是按照第一天、第二天、第三天、又过了一天这样的时间顺序写的。我们再横着看一看，你又有什么发现？

生：横着写的是急性子顾客的要求，还有慢性子裁缝的反应。

生：第一天急性子顾客的要求是做棉袄，慢性子裁缝的反应是说服顾客。

师：他们就这样子说定了。第二天继续。

生：第二天急性子顾客等不及了，想要改成夹袄。慢性子裁缝的反应是为您服务，没说的。

师：这个"夹"在字典里，还有一种读音读作——这句话谁再读？

生：顾客夹起衣料就要走。

师：你为什么这么读，说说你的理由。

生：把东西放在腋窝下，这个动作就叫作"夹"。

师：我们加上动作读好这句话。

师：第三、第四天呢？

生1：急性子顾客的要求是改成夏天能穿的短袖衬衫，慢性子顾客的反应是好办得很。

生2：又过了一天急性子顾客的要求是改成春装，慢性子裁缝的反应是还没开始裁布料。

师：孩子们，你们真了不起！在我们的合作下，我们把这么长的一个故事读成了一张表格。

急性子顾客	棉袄，马上取	改成夹袄	改短袖、衬衫	改成春装
慢性子裁缝	明年冬天取	为您服务，没说的	行啊，没问题	还没裁料
	第一天	第二天	第三天	第四天

学习活动二：研读故事，体悟有趣

师：（移动情节贴纸）如果第一天顾客的心情在这里，第二天、第三天在哪里？第四天呢？顾客的心情又是怎样变化的？谁能来摆一摆？好，那个男孩子你来吧。

生：（上台摆一摆）第二、三、四天，顾客是等不及了，所以我觉得应该在上面。第四天应该还要更急。

师：有没有不同的意见？

生：我觉得后面前三个是没问题的，可是最后一个不对，因为慢性子裁缝的反应是还没开始裁布料。

师：所以你会怎么贴？请你上去贴贴看。（生贴）你贴得与众不同，来告诉大家你为什么这么贴？

生：因为我当时读课文的时候，最后一自然段，慢性子裁缝说急性子顾客的布料还搁在他的柜子里。他的心情很低落。

师：你不仅读懂了故事内容，还读懂了故事情节。现在你们能不能根据这张情节图,把这个故事简单地讲一讲?自己先练一练。

师:谁能够简单地讲这个故事?好,那个男孩子。

生:(略。)

师:真了不得。根据这张跌宕起伏的情节图,就把这个故事简单地讲出来了。

师:孩子们,一急一慢的两个人物,让故事情节跌宕起伏,有了这么有趣的故事。在这个反转的情节中有一个伏笔,就是第一次对话,急性子顾客竟然被慢性子裁缝说服了,不得不承认裁缝说得有道理。于是,做衣服的事儿就算说定了,才有了后面的故事。我们来好好读一读他们的对话,哪些地方觉得很有趣?

生:我从第二自然段的"最"字看出了慢性子裁缝很慢,急性子顾客很急。

师:请你把你刚刚找到的再来读一读。

生:"我可等不及,都没让他们做,告诉您,我和别的顾客不一样,我是性子最急的顾客。请问师傅,您准备什么时候让我来取衣服——秋天?夏天?春天?"秋天?夏天?春天?一连串的追问显出顾客急不可耐的心情。从明年秋天到明年的春天,时间其实是越来越短了,可即便如此,这位顾客还是不满意。

师:你猜他最想什么时候拿到衣服?

生:我觉得他最想在今年冬天就拿到这个棉袄。

师:你就是急性子顾客,你来说一说这段话。

生1:"我可等不及,都没让他们做,告诉您,我和别的顾客不一样,我是性子最急的顾客。请问师傅,您准备什么时候让我来取衣服——秋天?夏天?春天?"

师:急性子。有没有能超过他的同学?

生2:(读。)

师:看这语速、这神态,活灵活现,掌声送给这位急性子顾客。还有吗?

生：顾客噌的一下子跳起来："这么慢啊！"从"噌的一下子跳起来"看出这位顾客很急。

师：来，边做动作边来读好这句话。

生：(略。)

师：我们也一起来试试看，好不好？(生边做动作边读。)

生1：我从第11自然段"那当然。我可不愿意把新衣服藏在箱子里"感觉很有趣，他是一个急性子的顾客，所以他不可能把刚拿到的衣服藏在箱子里。

生2：第7自然段顾客一听到裁缝说要明年冬天才可以收货，就直接去找刚才的师傅了，顾客夹起布料就要走，他实在等不及了。哈哈哈，真的很有趣。

生3：裁缝的慢也很好玩，裁缝说就在冬天，裁缝又补充了一句，不过我指的是明年冬天，我在默读这一篇课文的时候，急性子顾客在前三家店他们都说要秋天、夏天、春天，可是这个裁缝却要做一年的衣服。闻所未闻，慢是真慢。

师：来，你也来读一读吧。

生：(读。)

师：(出示句子)把这些句子理一理，发现什么？

生1：顾客很急，但是裁缝又很慢，矛盾的对话很有意思。

生2：这些语言、动作、神态的描述，让一个急一个慢，都有点夸张，很好玩！

师：这么好玩的故事，就让我们分角色来合作读一读、演一演这两个人物。

生：(分角色合作读。)

师：第二、第三、第四天的故事继续往下说，请你们先选择感兴趣的对话部分练读。

生：(自由练读。)

师：多有意思的故事，同学们读得津津有味。现在我们来赛一赛，同桌合作读演第二至四次对话，一人读红色顾客的话，一人读蓝色裁缝的话，黑色的部分加上动作演一演，读出他们的急和慢。有没有难度？没有。好的，期待你们的精彩，开始。

生：（上台读第2次至第4次对话。）

师：哈哈哈，慢性子裁缝刚开始想要一件棉袄，跑了三家裁缝店，好不容易选中了这一家反而最慢，搁在柜子里还没有开始裁衣料。把掌声送给6位演员，谢谢你们。学到这还有哪里觉得有趣？

生：我以为慢性子裁缝再慢，衣服总能开始剪裁了吧，没想到还在柜子里搁着，真是太出乎我的意料了。

师：结局反转吸引了你。

生：这位急性子顾客也太没耐心了，总是在改变自己的想法，但是慢性子裁缝总能见招拆招，故事就是这样充满戏剧性。

学习活动三：聚焦矛盾，表达有趣

师：正是这一急一慢的情节跌宕起伏、前后矛盾，人物的个性矛盾，才有了这么一个有趣的故事。有位作家说："想让故事变得高涨起来的话，就刻画登场人物之间的对立吧。"如果反过来，急性子裁缝和慢性子顾客，这个故事会发生怎样的变化？和同桌交流五分钟，把你们的想法写在词卡上，有能力的同学可以写成一张情节图。

生：慢性子顾客想做件春装，裁缝让他三天后过来取货。日子一天天过去了，裁缝早已把春装做好了，迟迟不见顾客来取货。终于在一个炎热的夏天，顾客慢悠悠地走了进来要求裁缝把春装改成夏装。后来这个夏天马上要结束了，裁缝左等右等，顾客久久不至。等到一个秋天的早上，顾客终于现身了，要求往衣服里加棉花，改成一件棉袄。过了几天，顾客来了，裁缝拿出新棉袄，顾客左看看右瞧瞧，嫌弃太丑了，说完摇摇头又说："算了，我再拿一块布料，帮我重新做一件。"裁缝这次恼怒地瞪大了眼睛，说："我是个急性子，您是个慢性子，您这活我干不了了。"顾客垂头丧气地走了。

师：哎哟，当急性子裁缝碰上慢性子顾客的时候，这活也不好干呢。

生：慢性子顾客想做一件衣服，明年秋天穿。裁缝给他量好了尺寸，让他今天晚上来取衣服。可直到第二天，那位小顾客都没有来。第三天，还是没有小顾客的影子。裁缝还有很多衣服要做，就把衣服收起来，渐渐地把这件事忘记了。到了第二年秋天，小顾客来取衣服了。裁缝从箱子底取出衣服，衣服做得真漂亮，可惜太小了，连扣子都扣不上。于是给他重新量了尺寸，让他明天来取。又过了一年，小顾客又来取衣服，衣服做得很漂亮，但又太小了。裁缝说："你放心，我再给你做一件。"五年过后，顾客又来取衣服，这次他长成一个小伙子了。裁缝取出衣服一看，这次连袖子也套不上去。

师：当把登场人物之间对立起来的时候，故事就显得如此有意思。通过刚才的分享，你们认为怎样的情节比较有趣？

生1：我比较喜欢一波三折的故事情节，会让人意想不到。这样听起来特别有意思。

生2：我很赞同他的想法，如果故事还能够反转，我觉得会更精彩。

师：一波三折、有反转，很好的提议。我们再次修改调整自己的情节图，能不能加入一些情节，让故事一波三折有反转呢？

师：人物的言行往往会推动故事情节的发展。在这个新的故事中，你的人物会说些什么、做些什么？请回家继续构思，补充丰富情节图，完成有趣的故事。

任务二：意外中见有趣

学习活动一：梳理情节，了解意外

师：我们继续走进故事。今天的故事和帽子有关。看"帽"字的演变（出示"帽"字源图），发现了什么？

生：这个图片像帽子的形状。

师：是的，上面的部分是帽子的装饰品，后来这个字演变成"帽"的一部分。一起来把"帽"写到黑板上。注意左边是"巾"。（板书：帽子）

师：帽子见过吧？今天的故事题目叫——

生：《方帽子店》。

师：看到题目你想到什么？

生1：我们都是戴圆帽子，为什么会有方帽子？

生2：方帽子戴着舒服吗？头都是圆的，为什么要造方帽子，让人费解。

（生踊跃发言。）

师：你看，好的故事，题目都会说话呢！就是这样一家帽子店——

（出示句子：这家帽子店从来没有做过别的帽子。他们的橱窗里都是方帽子。第一顶是方的，第二顶是方的，第三顶还是方的……）

生：（读句子，略。）

师：注意读好"橱窗"翘舌音。什么是橱窗？

生：陈列货品的橱柜就是橱窗。

师：那收纳衣物的橱柜就叫——

生：衣橱。

师：收纳书本的橱柜就叫——

生：书橱。

师：到底发生了什么事呢？我们再去读读课文。

生：（自由朗读。）

师：很好，都读好了，一起来交流一下。一开始——

生：方帽子店一开始都卖方帽子，顾客也只买方帽子。

师：（出示：帽子店里都是方帽子。）后来呢？

生：小孩子不喜欢方方的帽子，他们喜欢用纸做出圆的、尖的、香蕉形的帽子，戴在头上很舒服。

师：是的，说得很好，我们还可以这样简单概括起来。（出示：小孩子做出各种形状的帽子，很舒服。）再后来呢？

生：后来，方帽子店对面，又开了一家帽子店，橱窗里放着各式各样的帽子，却没有一顶是方的。这家店的广告是："专卖各式各样的舒服的好帽子。"

师：（出示：方帽子店对面开了一家帽子店，专卖各式各样的舒服的好帽子。）那最后呢？

生齐：那些不舒服的方帽子成了古董。

师：（出示：不舒服的帽子，慢慢成了古董。）这就是故事的起因、经过、结果。（板贴，形成故事情节导图。）谁能连起来说说故事的主要内容？

生：（自由练习，交流。）

师：（指板贴）从一开始"方帽子"到最后"成为古董"，这个改变让人意想不到，有点意思。正是这些意想不到，让故事充满魅力。

学习活动二：走进故事，品味意外

师：读读故事，说说故事中哪些内容是你意想不到的，做做批注。做完批注后和同桌交流一下。

生：（默读课文，做批注。）

师：都说文似看山不喜平，你都读到了哪些意想不到的地方？

生1：第3自然段的这一处让我意想不到，"他们圆圆的脑袋藏在方帽子里，紧的地方太紧，宽的地方太宽，冬天戴着不太暖，夏天戴着却热得满头大汗。舒服吗？真不舒服！"你看，这么不舒服，如果是我们，肯定要想想办法，改一改这种帽子，让自己戴着舒服一点。可是，大人们却不听小孩子的，总是说一直以来都是这样，真让人想不通。

师：明明方帽子戴着不舒服，还不能改，奇怪！让我们读读这一处。

生：（齐读第4—6段。）

生2：让我意外的是小孩子们的做法。尽管做帽子的人只做方帽子，买帽子的人只买方帽子，小孩子却用纸做出了圆的、尖的、香蕉形的帽子。不仅用纸做，还设法找到布，试着做了几顶圆帽子，很舒服。

师：是啊，多么有创意啊！对比大人和小孩子们，处处有意外，你有什么发现？

生1：我发现大人和小孩子的做法完全相反，大人不想改，小孩子想办法去改。

生2：大人哪怕觉得不舒服，也说一直就是这样，小孩子却会想办法。

师：是啊，完全不同，这样的行为反差让故事充满了意外。（板书：行为反差。）继续交流，还有什么让你觉得充满意外？

生1：我觉得这篇课文最有趣，也最让人想不到的是，店主人的儿子也戴上了一顶圆帽子，气得他爸爸抓起帽子就丢了。

生2：是的，读到这里的时候，我觉得故事特别好玩，老爸都是卖方帽子的，儿子却戴起了圆帽子，公然在挑战他爸爸。

师：是的，确实有趣。好多同学都在这一处做了批注。我们请一位同学读一读这几段话。

生：（读第11—15自然段。）

师：读得很流利！这两个词需要我们注意，一起读（出示：嚷嚷着、一溜烟似的）。

生：（读词。）

师：知道什么是"一溜烟"吗？

生：就是表示速度很快。

师：对，特别快。我们一起来读好这个词。（生读）"溜"也是多音字，还有一个读音是——

生：liū。溜走、溜冰就读第一声。

师："嚷嚷"表示大声地叫，两个字一起时读第一声。这个字还有一个读音是 rǎng，可以组什么词？

生1：叫嚷。

生2：大吵大嚷。

师：好，一起来读一读。

生：（读词语。）

师：把这些词放回句子中，我们来读一读父子俩的对话。老师读提示语，男生读店主人的话，女生读儿子的话，边读边做一做店主人和儿子的动作。

生：（边读边做动作。）

师：哇，你们把店主人和儿子的话都读活了。观察父子对话，你有什么发现？

生1：我发现他们每句话后面都有感叹号。

生2：我数了一下，一共有五个感叹号，让人感觉店主人很生气，小孩也很生气。

师：如果这个片段把店主的儿子换成其他人，你觉得怎么样？

生1：我觉得故事就会变得平常了。

生2：我觉得是店主人的儿子，就会让店主人更生气了，自己的儿子都这样做，他会觉得岂有此理。

生3：我觉得选店主人的儿子，会让故事读起来更有趣、更好玩。

师：看来作者写故事选角色也有秘密，选店主人的儿子，这样的角色反差让这个情节更让人意外。（板书：角色反差。）还有其他意想不到的地方吗？

生：我觉得"方帽子店对面开了新帽子店，橱窗里没有一顶方的，方帽子店里没有一顶是圆的。他们的广告语也是完全不同的"，也是很让人意想不到的。

师：很好，你关注到了这两家店的对比，我们把课文内容换个格式，合作着读一读。（出示）

橱窗里放着各式各样的帽子，却没有一顶是方的。
方帽子店里摆放着方方正正的帽子，却没有一顶是圆的。

玻璃橱窗里还贴了一张广告："专卖从不改变的方的好帽子。"
对面的新帽子店里也贴了一张广告："专卖各式各样的舒服的好帽子。"

师：发现了什么？

生：这里的语言是完全相反的，故意反着来，读起来很有节奏，感觉又很有趣。

师：是的，这样的语言反差也会让故事充满趣味。（板书：语言反差。）

师：你看，就是这些意想不到（指板书）让故事充满了戏剧性，能不能讲讲看？自己在小组里先练一练。

生：（上台讲故事，略。）

师：（指板贴）看看大人和小孩的不同表现，你有什么想说的？

生：我喜欢小孩的做法。小孩感觉到方帽子不舒服，就会想方设法做出舒服的帽子，等他们长大后，还会开出新帽子。

生：我觉得大人们太死板了，明明觉得不舒服，还不去改变，而且拒绝别人的建议，他们应该向孩子们学习。

师：是的，只有推陈出新，才能不断发展，来读一读这句话。

生：推陈出新，饶有兴致。

学习活动三：拓展读写，运用意外

1.拓展阅读。

师：意外总能让故事充满了趣味。我们来看看这个故事（出示《长袜子皮皮》片段），故事里有一个叫皮皮的女孩，在这段话里你读到了哪些意想不到的地方？

生1：一般故事里的女孩子主角都是很漂亮的，可是故事里的皮皮却很奇怪，脸上长雀斑，鼻子像土豆，连衣裙也相当怪。

生2：还有她的鞋子也太让人意外了，一只是黑色的，一只是棕色的，而且鞋子还比她脚大一倍。我们平时要是这样可被人笑坏了。

师：和平常孩子完全不一样，有趣吧？想读这个故事吗？

生：想！

师：看看这本书的这几个小故事目录，"皮皮劝告鲨鱼""皮皮接待小偷拜访"，有意想不到吗？

生1：鲨鱼这么凶猛，一个小女孩居然敢去劝告鲨鱼。

生2：我们平常看到小偷，避之不及，皮皮居然还要接待小偷拜访。

师：确实有意思，还没读，这个故事的一个个意外就深深吸引了我们，推荐大家去读一读《长袜子皮皮》。

2. 修改故事。

师：我们的故事里，如果也能加上一些意料之外，肯定也会像这样更吸引人。这是我们同学写的故事片段，你们能帮他设置一些意想不到的情节吗？

生：我觉得主人公不能太平平常常，你可以让这个主人公和我们平常有些不一样。

师：这个建议很好，角色上与平时有反差。

生：可以设计一个情境，周围的人是怎么做的，他却不一样，这样会让人意想不到。

（生依次发言。）

师：很好，同学们学到了讲好故事的一个秘诀——设置一些"意外"，让"意外"帮助故事变得更有趣。

任务三：巧合中见有趣

学习活动一：明确任务，梳理情节

师：今天是故事计划的第三站——《漏》。这是一个民间故事，（讲述开头）……像这样，我讲给他听，他讲给你们听，民间故事就是这样口口相传流传下来的。如果老师想把这个故事做成一本连环画，绘本封面上应该有哪些人物呢？

生：老婆婆、小胖、驴、老虎、贼。（师根据学生回答，在封面相应处出示人物图片。）

师：连环画就是由一个个场景组成。这里有5个场景，一不小心弄乱了，你能帮帮忙吗？不着急，默读课文，知道了你再举手告诉大家。开始。

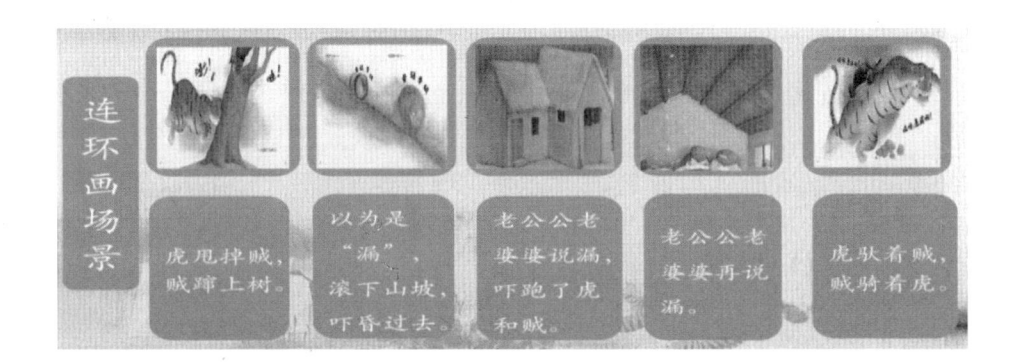

生:(默读课文。)

师:你来说,第一个场景是——

生1:老公公老婆婆说漏吓跑了虎和贼。发生在屋里。(师板贴:屋图。)

生2:第二个场景我觉得是虎驮着贼,贼骑着虎,这是发生在逃亡路上。(师简笔画:逃亡路。)

生3:虎甩掉贼,贼蹿上树,这是在歪脖老树下。(师板贴:歪脖老树。)

生4:接着是虎和贼以为对方是漏,滚下山坡,吓昏过去。(师简笔画:山坡。)

生5:最后又回到了屋里,老公公老婆婆再说漏。(师简笔画:箭头返回屋里。)

师:能不能试着以用上地点和情节,简单地讲一讲这个故事?先自己说一说。

生:(简单讲故事。)

师:为什么边说边笑?

生：原来老人说的"漏"就是漏雨。

师：（动画演示）屋外下着雨，雨水到了屋里，这就是"漏"。老虎和贼不知道，有趣的故事就开始了。

学习活动二：走进场景，品味巧合

师：（翻开封面，出示句子1。）

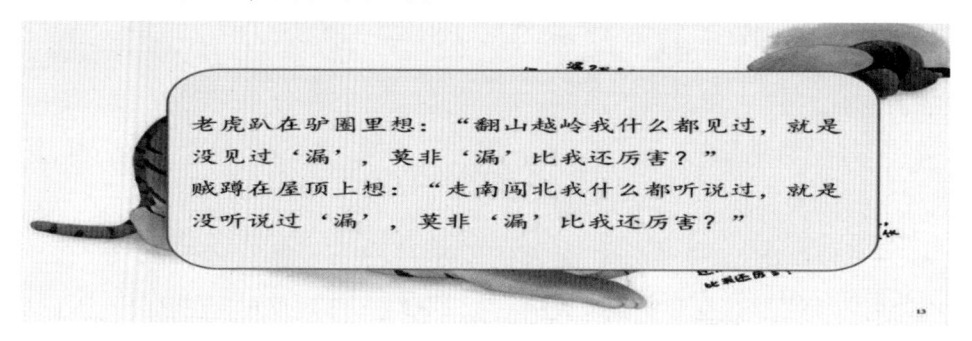

> 老虎趴在驴圈里想："翻山越岭我什么都见过，就是没见过'漏'，莫非'漏'比我还厉害？"
> 贼蹲在屋顶上想："走南闯北我什么都听说过，就是没听说过'漏'，莫非'漏'比我还厉害？"

师：老虎觉得"漏"是——

生：老虎觉得"漏"是一种动物，比自己还厉害。

师：贼觉得"漏"是——

生：贼觉得"漏"是一个比自己更厉害的人。

师：我们合作读读看。老虎趴在驴圈里想："翻山越岭我什么都见过，就是没见过'漏'，莫非'漏'比我还厉害？"

生：贼蹲在屋顶想："走南闯北我什么都听说过，就是没听说过'漏'，莫非'漏'比我还厉害？"

师：翻山越岭我什么都见过，就是没见过'漏'，莫非'漏'比我还厉害？

生：走南闯北我什么都听说过，就是没听说过'漏'，莫非'漏'比我还厉害？

师：翻山越岭——

生：走南闯北。

师：我什么都见过——

生：我什么都听说过。

师：莫非"漏"比我还厉害——

生：莫非"漏"比我还厉害？

师：读着读着又有什么发现？

生1：老虎和贼的想法特别像。

生2：一一对应。

师：对应当中又有变化，这样的写法我们叫语言反复。读着既有趣又充满巧合。

师：故事里还有很多巧合，我们去逃亡路上找找看。

生：（反馈语言反复的巧合。）

师：不知不觉中，你们解密了作者写巧的妙招——

生：语言反复。

师：现在老师还想跟你们合作读书，这会儿你可要听清楚、找仔细。我读老虎，你们读贼。哪列火车与我合作？好，这列来。

师：老虎吓得浑身发抖。

生：贼听得腿脚发软。

师：老虎未料到房上会有东西掉下来，心想："坏事，'漏'捉我来了！"撒腿就往外跑。

生：贼栽得晕头转向，一摸是个毛乎乎的东西，心想："坏事，'漏'等着吃我哩！"拼命抱住虎脖子不敢松手。

师：老虎驮着贼。

生：贼骑着老虎。

师：老师要加快速度啦。累得老虎筋都快断了——

生：颠得贼骨头架都快散了。

师：一起合作，我读老虎，你读贼，

（师生合作。）

师：（追问）对得这么快？你们有什么妙招吗？

生：老虎这么想的时候，贼也这么想；老虎这么做的时候，贼也这么做，所以很好讲。

师：刚才老师在同学们的书本上还发现了一个"巧"，你来说，"巧"在哪儿？

生："巧"在他从屋顶上跌下来，刚好摔在虎的背上。

师：摔得太"巧"了，这样重要的情节也不能少。看来在第8—11自然段里面处处都是巧合。有趣的故事不仅要读好，如果我们能讲一讲，那就更有意思了。给大家一个小助手（出示绘本）。

生1：（借助绘本语言，讲故事。）

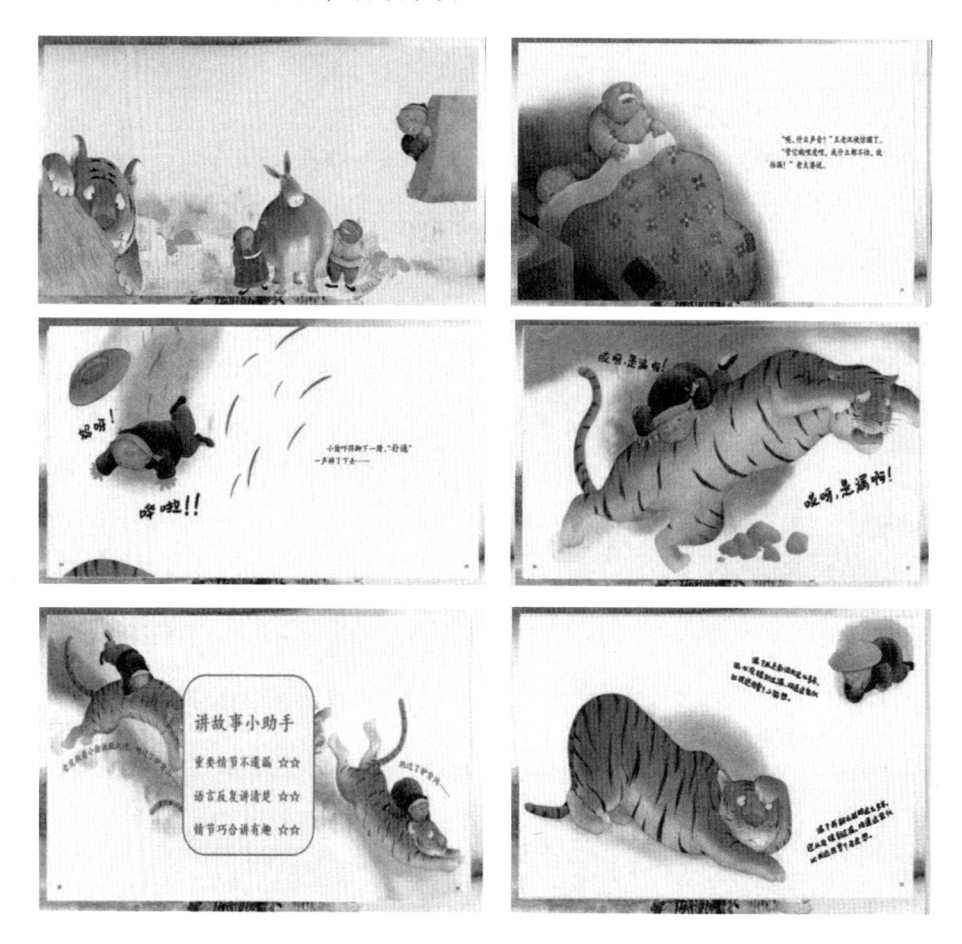

生2：我发现绘本故事中充满巧合的情节文字都在绘本上。

学习活动三：整合绘本，体悟有趣

师：真是"无巧不成书"，巧合是故事写作的一大特点。因此，作者在编写绘本时往往会把这些特色的语言作为配图文字。现在让我们也来给绘本配文吧！

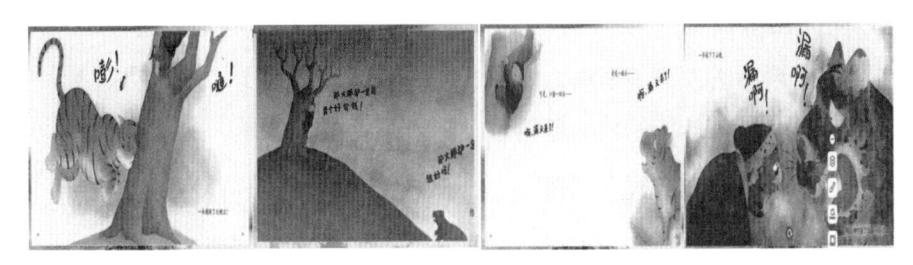

生：我们选择的是歪脖老树，给这两幅图分别配了——

老虎："'漏'真厉害，像胶一样，粘住我了。到树根前，得把它蹭下来，好逃命。"

贼："'漏'真厉害，旋风一样，停都不停，一定是驮到家再吃我。到树跟前，得想法蹿上去，好逃命。"

老虎：被雨一淋，清醒了许多，想想不甘心，还是要回去吃驴，就转身往回走。

贼：被雨一淋，清醒了许多，想想不甘心，还是要回去偷驴，就下树准备往回走。

师：很好。

生：我们的配文是，第一幅图的老虎和贼都是"'漏'又来了，这下我可活不成了！"第二幅图是两个字："漏哇！"

师：那让我们来听听他们的绘本故事吧！老规矩，他们讲，我们当评委。

生：（讲述绘本故事。）

学习活动四：群文阅读，迁移运用

师：巧合、误会、反复，有趣的故事就这样产生了。诸多的巧合使得这个故事妙趣横生，这也是作者构思的巧妙之处。假如苏醒后的老虎和贼发现之前的雨夜奔逃是虚惊一场，他们又打起小毛驴的主意来会怎么样呢？如果要续编故事，你有什么好的建议？

生：制造巧合，可以用上反复的语言来写。

师：孩子们，课文学到这儿，我有个疑问，对于同一个"漏"，这老虎、贼跟老人的理解的差别怎么那么大呢？你说。

生：老虎和贼此行的目的是偷驴。有个词叫做贼心虚。

师：这时候你再看这个"漏"，还仅仅是漏雨吗？你觉得老虎和贼漏了什么？

生：善良的本性，不能有贪念。

师：看来我们不仅读懂了故事，还明白了故事背后的道理。梁川在创作小记中有这样一句话："平平常常心就会有平平常常的日子。心中有了贪念，才会变出各种漏来。"

师：这个单元我们走进有趣的故事，如果说《急性子顾客和慢性子裁缝》用矛盾写趣，《方帽子店》用反差写趣，那么今天的《漏》就是用？

生：语言反复和巧合来写趣的。

师：哇，真了不起。看来，在这个单元，我们的习作百宝箱又多了三把写趣的秘钥！来，把掌声送给会学习的自己。

任务四：综合运用说故事

学习活动一：走进故事，梳理情节

师：哪位同学愿意和大家聊一聊枣核呢？

生1：枣核非常勤劳，而且很聪明。有一年，衙役把庄稼人的牛、驴都牵走了，枣核这么小，竟然能想办法把它们牵了回来。

生2：枣核永远只有枣核这么小，真神奇啊！

生3：枣核一蹦就能蹦到屋脊这么高，很厉害。

师：你们很会概括。根据刚才大家的分享，我们知道了枣核是村庄里这对夫妻的孩子，只有枣核这么大，他很勤快，也很聪明。（出示关键信息图片，语境识字，认识"枣核""妻""爹""聪"。）

师：《枣核》这一课中，这个故事发生的起因是什么呢？请同学们到课文中找一找，和同桌说一说。

生：有一年大旱，庄稼没收成，纳不上粮，衙役把庄稼人的牛、驴牵走了。

师：你很会找，这么快就找到了。让我们来看看这幅图，谁是衙役？谁是县官？故事发生在哪里？（随机在图上出示词语，理解"县官"和"衙役"，语境识字"府"。）

生：坐中间的是县官，底下拿着棍子的是衙役，故事发生在官府里面。

（图片上补上"枣核"这一人物。）

师：这是——

生：枣核。

（图片上的枣核跳动位置，从桌面左边跳到右边。）

师：请你找一找，枣核在哪里？

生：枣核在桌面右边。

（图片上的枣核跳动位置，从桌面右边跳到左边。）

师：请你再找找，枣核在哪里？

生：枣核在桌面左边。

（图片上的枣核跳动位置，从桌面左边跳到县官的胡子上。）

师：现在呢？

生：（笑）在县官的胡子上！

师：不错，你们已经基本抓住了故事的主要信息。这是一个小斗大、民斗官的故事。现在，请你再快速读读课文，把这个故事的内容情节理一理。

师：这个故事的开始是——

生：有一年大旱，庄稼人纳不上粮，衙役牵走牛、驴。

师：后来——

生：枣核晚上大声吆喝着赶驴，衙役惊慌搜人。

师：后来——

生：衙役困了去睡觉，枣核赶着牲口回到了村子。

师：再后来——

生：衙役绑、打枣核，枣核蹦来蹦去。

师：后来——

生：枣核蹦到县官胡子上，衙役打下县官的牙。

师：最后——

生：满堂的人照顾县官，枣核大摇大摆地走了。

师：故事情节我们已经理清楚了。现在，请你借助框架图，和同桌说一说这个故事。（同桌之间互相说故事。）

学习活动二：聚焦形式，品味有趣

师：就这一斗，发生了一系列斗智斗勇的情节。读课文，用横线画出你觉得最有趣的地方，并做做批注。

生：（读课文，画有趣情节，做批注。）

生1：我觉得课文中最有趣的是枣核竟然能跳到驴的耳朵里吆喝，而且衙役还没有发现他。

生2：枣核在驴耳朵里吆喝，衙役出来，就藏着不出声；等衙役找不到人，进去之后又开始吆喝，来来回回，耍得衙役团团转，让他们睡不好觉，真有意思。

生3：衙役们拿出铁链来绑枣核，但是枣核很小，动作也很灵活，根本绑不住他。

生4：还有，在大堂上，衙役们怎么打也打不到枣核，县官鼻子都气歪了，脸涨得通红。县官被气成这样，真是大快人心。

生5：枣核蹦来蹦去，最后竟然蹦到了县官的胡子上，结果衙役把县官的牙都打下来了。枣核用自己的聪明才智惩治了县官，我觉得这个情节很有趣。

师：故事里有趣的情节很多，让我们来看看这一片段。（出示片段，用不同颜色的文字来区分枣核与衙役的表现。）

> 等衙役们睡着了，枣核解开缰绳，又一蹦蹦到驴耳朵里，"哦喝！哦喝！"大声吆喝着赶驴。衙役们从梦里跳了起来，惊慌地喊着："有人进来牵驴啦！有人进来牵驴啦！"他们拿着大刀长枪到处搜人。
>
> 闹腾了一阵，衙役们什么也没搜着。刚刚躺下，又听到了吆喝声："哦喝！哦喝！"于是衙役们又都跳了起来，还是没搜到人。
>
> 可刚躺下，又听到吆喝声。

师：让我们分角色来朗读，女生读枣核说的话，男生读衙役们说的话，老师读旁白。（师生合作分角色朗读。）

师：我发现你们听着听着，读着读着，都笑了。你们发现了什么？

生1：我发现了这个片段里枣核和衙役都在做同样的事，都是写枣核吆喝"哦喝！哦喝！"然后衙役起来搜人，结果没搜到。

生2：我发现这个片段里的情节是重复的，这样就写出了衙役们很傻，被枣核耍得团团转。

师：仔细看看，这里的情节重复了几次？

生：三次！

师：怪不得你们读着读着就笑了，觉得怎么样？

生：好笑！

师：所以呀，我们说，重要的事情要说三遍，那重要的情节也要——

生：（笑）也要写三次！

师：让我们再聚焦这一片段，你还有什么发现呢？（出示片段，用不同颜色的文字来区分枣核与县官、衙役的表现。）

  衙役们拿出铁链来绑枣核，噗的一声，枣核从铁链缝里蹦了出来，站在那里哈哈大笑。衙役们急得不知怎么办才好，县官说："把他塞进钱褡里，背到大堂去！"县官坐了大堂，把惊堂木一拍，说："给我打！"

  衙役们打这面，枣核蹦到那面去，打那面，枣核蹦到这面来，怎么也打不着。县官鼻子都气歪了，脸涨得通红，嚷道："多加几个人，多拿几条棍，给我狠狠地打！"

  枣核这次不往别处蹦，一蹦蹦到了县官的胡子上，抓着胡子荡秋千。县官直喊："快打！快打！"衙役一棍子打下去，没打着枣核，却打着县官的下巴骨啦，把县官的牙都打了下来。满堂的人慌了起来，跑上前去照顾县官，枣核大摇大摆地走了。

师：咱们这次也继续分角色朗读，女生读县官和衙役们的表现，男生读枣核的表现。

生：（分角色朗读。）

师：（出示情节图）孩子们，请你们仔细看情节图，有什么发现？

生1：我发现无论县官和衙役们想出什么方法来打枣核，枣核都能一蹦，轻松躲过，甚至还能戏耍县官，枣核很厉害。（课件出示"蹦"。）

生2：我还发现县官越来越生气，他先是信誓旦旦，以为能把枣核打一顿，结果一直没打着，鼻子都气歪了，脸涨得通红，最后还被打掉了牙齿。县官、衙役这么多人，竟然还比不过小小的枣核，真菜！

生：（笑。）

师：是的，这两者形成了强烈的矛盾对比。（补充好了情节图。）我们发现——以枣核蹦来蹦去为线索，枣核、县官的反差也越来越大；县官越来越生气，枣核形象越来越强大了。

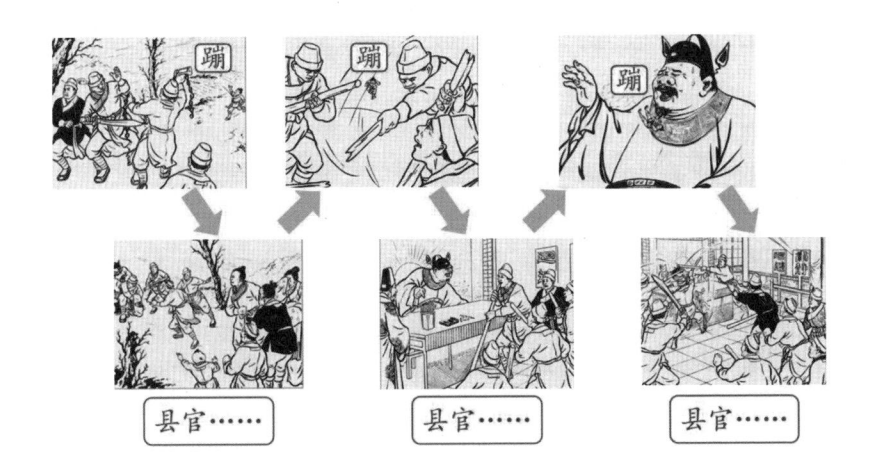

学习活动三：借助导图，讲述故事

师：这么有趣的故事，如果能把它完整讲下来，回家再讲给爸爸妈妈听，那多好呀！请大家借助这个故事情节图，把这个故事完整讲下来。如果能模仿人物的语言，加上动作，就更好了。（出示讲故事的要求：①大方得体，自然流畅；②模仿人物的语气，惟妙惟肖；③加上表情、动作。每一要求做到了得两颗星。）

生：（小组合作，练习讲故事。）

师：谁愿意先来？

（指定一位学生上来讲故事，故事讲完，掌声响起。）

师：他讲的故事能得几颗星呢？

生：6颗星！

师：不错，是一位"讲故事大王"，让我们把掌声再次送给他！

师：看来很多同学已经学会了如何讲好故事。那么我们这节课就来组织一次故事会。看看咱们班还有谁是"讲故事大王"！敢挑战吗？

生：敢！

师：有自信！请拿出你们课前选好的故事。

（出示故事会要求：①选一个故事，多读几遍，梳理故事情节图，借助思维导图，记住故事的内容。②再读故事，注意故事的表现形式，如一波三折、反差、意想不到、巧合、重复等，进一步丰满思维导图，记住这些表现形式，让你的故事充满趣味。③借助导图，自己试着讲，注意语气、表情变化，加上适当的手势，让讲述更吸引人。）

生：(练习讲故事。)

师：练得真认真！下面来听听你们讲的精彩的故事，讲故事的要求还是和刚刚一样。听故事的同学也有要求了。(出示：听故事的时候要集中注意力，认真听，记住主要内容，想一想故事中哪里最有趣。)

生1：大家好，我要讲的故事题目是《老虎拔牙》。大森林里住着一只凶猛的老虎，经常捉小动物吃。因此，小动物们都很害怕他。一天，小动物们在一起商量怎么对付老虎，好久也没想出什么办法。忽然，小兔子站了出来，说他有主意。第二天，小兔子挎着一只篮子来到老虎的住处。老虎一看到兔子，就张大了嘴，想一口吃了他。小兔子却不害怕，反而递给老虎一块糖。老虎疑惑地放进嘴里，笑着说："真甜！"这次老虎没吃兔子，让他以后经常给自己送糖来。从此以后，小兔子每隔几天就给老虎送一篮糖果，老虎总是很高兴地把糖果收下来。这一天，老虎的朋友花豹来看他，看见老虎正在吃糖，就说："你每天吃糖又不刷牙，牙齿会坏的。"晚上，老虎刚要刷牙，小兔子就来了。他对老虎说："大王，刷牙会把牙齿上的糖刷掉，多可惜呀！"老虎点点头，没刷牙就去睡觉了。终于有一天，老虎开始牙痛了，痛得他吃不下饭睡不着觉。老虎去找老牛、大马给他看牙，但是他们都被老虎吓跑了。正当老虎牙疼得不知道怎么办的时候，小兔子来了，说可以帮老虎。小兔子拿出一把大钳子，把老虎满嘴的牙齿都拔掉了。老虎的牙很快就不痛了，因为他所有的牙齿都被拔掉了。小动物们再也不用害怕老虎了。

师：这么长的故事，能一口气说下来，我先给你点个大大的赞！其他同学认为他能得几颗星呢？

生2：我觉得可以得5颗星，其他都很好，如果加上表情就更好了。

师：你听得很认真，点评也很到位。那你觉得故事中哪里最有趣呢？

生3：我觉得这个故事中的兔子很聪明，竟然想到了给老虎吃糖这个办法。这是我意想不到的。

师：老虎吃糖，的确很有趣，还有谁有补充？

生4：我也给5颗星。我觉得这个故事的有趣之处在于花豹知道吃糖牙齿会坏，还给老虎提了建议。我还以为老虎会发现呢！还好兔子机智。

师：一波三折的情节，跌宕起伏，有趣！今天，你们今天讲的故事都非常精彩，听得也很认真！课后，你们也可以在家里开个小小故事会，把自己准备的故事讲给家里的人听，也可以把今天听到的最吸引你的故事讲给他们听。下课！

任务五：综合运用编故事

学习活动一：头脑风暴，设计变化

师：今天，我们要走进《有趣的洞洞书》，一起来看看，你们看到了动物世界发生了哪些奇异的事？（出示图片。）

生1：平时公鸡只能在地上走，扑几下翅膀，图片里的公鸡居然能飞上天，太奇怪了。

生2：我们都知道蜗牛以慢吞吞闻名，图片里的蜗牛走路带风、爬得飞快，都像在跑步啦！

生3：蚂蚁比树还要大，它正得意洋洋地叉着腰看着我们哈哈哈笑。

生4：我看到平时威风凛凛的老鹰，在这里变得胆小如鼠，一副担惊受怕的样子。

师：同学们都看得哈哈大笑，这些奇异的事果然有趣！如果让我们给这本洞洞书再加上几页，还会发生什么动物大变样？怎么变？

生1：我想到老鼠变得胆子很大，猫变得胆子很小，猫碰到老鼠就赶紧溜。

师：有意思，"老鼠胆子大，猫胆子小"。简单地把这个变化写在小卡片上，贴到黑板上。

生2：庞大的大象本来身体像堵墙，现在它变小了，变得像只小狗大小。

师："大象变小"，也请你写上去。

生3：小白兔原本爱吃胡萝卜和蔬菜，现在爱吃肉骨头了。

师：也写上去，贴到黑板上。

（生依次发言。）

师：经过大家的头脑风暴，我们的《有趣的洞洞书》越来越丰富了（指板贴），我们来理一理大家的想象，发现了什么？

生1：小的变大了，不会飞的会飞了，胆大的变胆小了，爬得慢的这会儿爬得飞快。

生2：都变得和平时的事物不一样。

师：是的，这些变化里藏着相同的规律——就是现实世界的反差。如果给这些变化（指黑板上的板贴）分分类，你又有什么发现？

生1：很多变化都是动物的样子发生了变化，比如大的变小了、小的变大了。

生2：还有些是动物的本领有变化，比如公鸡原本不能飞、现在却能飞。

生3：还有习性变了，比如小白兔爱吃的东西发生了变化。

生4：因为习性变了，行为也变了，比如猫怕老鼠了。

师：看来，虽然都是反差，反差中有些不同。动物们在不同角度发生了变化，功能变、样子变、习性变，同时行为也在变。

学习活动二：聚焦有趣，设计情节

师：一旦动物失去了原来的主要特征，或是变得与原来完全相反，就会发生一些有趣的故事。请你选取一个主角，大胆想象会发生什么变化，变化后会发生什么事情，后来怎么样，结果怎么样。请同学们在小组里进行交流。

生：（学生组内交流。）

师：请同学们根据刚才的交流，画出"情节串"。

生：（画"情节串"。）

师：我们一起来交流一下自己画的"情节串"，说说故事的梗概。

生：（交流，略。）

师：很好，有点故事的感觉了。这个单元我们学了好多有趣的故事，也许这些故事能给我们一些启发。（出示单元课文情节图。）我们再来看看这些故事情节图，发现了什么？

生1：《慢性子裁缝和急性子顾客》中，"慢"和"急"产生了很多矛盾，这样的矛盾，让故事充满了趣味。

生2：《方帽子店》里大人和小孩的行为反差，出现了很多意料之外的事。

生3：《漏》在不同的场合中，有很多巧合，这些巧合让一个平淡的故事变得很有趣。如果没有这些巧合的话，就不会有这个有趣的故事了。《枣核》中，枣核的经历一会儿让我们担忧一会儿让我们开心，我们的心情也跟着起伏波动。

师：是的，这些故事里有一系列的矛盾、巧合、意外，让故事一波三折，使故事充满了趣味。

师：《有趣的洞洞书》里有很多反差，让我们再展开故事串，让这些情节也像课文中的故事这样动起来，变得有趣起来。我们先来看这几个"情节串"都和困难有关，像"老鹰寻胆记""小兔吃鱼"……你们还会想到哪些困难？最后怎么样？

生：这位同学已经写了老鹰碰到了豹子追捕兔子，吓得赶紧躲进灌木丛里；老鹰看到前面有悬崖，扑扇着翅膀，赶紧退回到了离悬崖边5米远的地方，这些都是写老鹰胆子小的。我觉得还要写出它怎么找回胆子的，可以加一个情节，老鹰救小鹰，它很害怕，还是冲了过去，等小鹰被救回时，老鹰的胆子也变大了。

师：好主意，加上一个变化的情节，故事有了意外有了波动，就更有趣了。

师：再来读读这几个情节串，这几个故事和什么有关？

生：都和探险有关。

师：要丰富和探险有关的"情节串"，你们想到了什么？

生：可以增加一些不同的地方，像《漏》这个故事一样，在不同的地方都有巧合。

生：还可以增加一些道具，像会飞的地毯，有魔力的披风。

生：还可以增加一些特殊的事物，比如飞舞的落叶、倒流的瀑布。

师：很好。根据大家的建议，我们丰富"情节串"，大胆想象，画情节图，把这些"情节串"动起来，也像这样让故事一波三折。

生：（自由改进"情节串"，丰富情节图。）

学习活动三：聚焦奇异，丰富情节

师：老师看到同学们的"情节串"越来越精彩了，如果把这些故事写下来，肯定很吸引人。一个个情节里，每一个人物都会有很多语言、动作、神态，接下来，我们就先来找一个片段写下来，让人物形象"动"起来、"说"起来、"想"起来。

生：（自由写片段。）

师：大部分同学都完成了片段，我们请一位同学来读一读片段。

生：这一天，公鸡仍像往常那样，太阳还没升起来，就站在农场里最高的土丘上练习拍打翅膀。"……98，99，100！"公鸡正像平时那样，数到100。可是今天，却不同往日，它的爪子慢慢离开了地面，它的身子越来越轻。公鸡叫着："飞起来了！真的飞起来了！"农田在它身下越变越小。

师：写得怎么样？掌声先送给我们的这位小作家。

生：（鼓掌。）

师：都说文章不厌百回改。有什么修改建议吗？

生：公鸡飞起来后，可以在它的叫声前加上'兴奋地扯着嗓子尖叫'。

师：这样一修改，主人公的形象更生动。

生：在你的情节串里，这是只有梦想的公鸡。我建议在这里可以加一个跟他相反的动物——麻雀。可以这样加：公鸡飞过了槐树树梢，麻雀看见了，不屑一顾地说:"不就是飞起来了吗?有什么大不了的?"公鸡不理会,它可没忘记它的梦想:"飞到白云上,看看高山、看看大海、看看远方的大草原。"

师:很好,在写片段时,我们可以不断修改,增加一些人物、行为,让故事更生动。根据这两个提示,请同学们继续修改自己的片段。

师:补充其他片段情节,加上开头、结尾,就是一篇作文啦。这个任务留给大家课后完成,把我们这些精彩的故事一起会聚到我们这本《有趣的洞洞书》里,期待大家的故事。

宠物观察局
——四年级下册第四单元教学实录

任务一：写出"特点"

学习活动一：创设情境，启动项目

师：前段时间，同学们都养了自己的小动物。和大家分享一下你养的小宠物。

生1：我说服妈妈，养了一只小猫，我给它取名叫肉肉。后来又给它找了一个伙伴，叫歪歪。

生2：我的宠物是两只小乌龟，驼龟和福龟。

生3：我的宠物叫小雪峰，是玄凤鹦鹉，又名鸡尾鹦鹉。

（生踊跃发言。）

师：看来大家都和自己的宠物产生了深厚的感情，祝贺你们！所谓天有不测风云，如果有一天，你的动物朋友走丢了，怎么办？

生1：需要别人帮忙寻找。得向人家介绍清楚小动物长什么样，最好有照片。

生2：要讲清楚小动物与众不同的特点，别人才不会找错。比如我的小鸭子头顶上有一撮小黑毛，高高耸起。

师：很好。那如果你要离开家，出去一段时间，要请邻居帮忙喂养你的动物朋友，你要和邻居怎么交代？

生：得让邻居喜欢小动物，然后特别交代它的饮食习惯、生活作息。

师：如果你要搬家了，各种原因没法带走你的小宠物了，怎么办呢？

生：请同学收养。告诉同学小动物很可爱，让他愿意收养它；而且要交代它的习性、它的生活，让同学知道怎么更好地照顾它。

师：真好！看来我们很有必要帮小动物做一份宠物手册，一方面记录美好，另一方面以备不时之需。

生：好呀好呀。

师：那我们今天开始，就一起走进"宠物观察局"，学一学大作家怎么介绍动物朋友，表达自己的感情；然后细致观察自己的小宠物，做好记录，可拍照，可图文结合，为我的动物朋友制作一本图文资料手册。要求多视角，吸引人，有特色。

学习活动二：走近动物，捕捉画面

师：翻翻整个单元，这个单元的课文都写了哪些动物朋友？

生：（通读课文。）

师：读了课文，我们来交流交流，这些小动物给你留下什么深刻印象？

生1：大猫很古怪的，小猫有点淘气。

生2：我看到了一只负责、慈爱、勇敢、辛苦的母鸡，有点感动。

生3：好一只高傲、架子十足的白鹅。

（生依次发言。）

师：真能干！总之，每一个动物都有鲜明的特点，每一个动物形象都跃然纸上。

师：选择一篇课文，在你的桌上亮一个示意牌。然后，自由阅读，记录作者捕捉了小动物的哪些生活画面，写在便利贴上，语境中自学生字词语。

生：（自学，记录。）

学习活动三：画面组合，发现逻辑

师：好，看一下同学的示意牌，相同示意牌的同学可以自由组合，人数不要超过6人。小组合作讨论，这么多画面，可以怎么组合？形成思维导图。

（工作坊完成思维导图，师巡视。）

师：好，各小组交流一下你们的成果，注意前面讲过的后面小组就简单带过或者不讲。

（各工作坊分别展示形成的思维导图，随机教学难点生字、词语。撷取部分如下。）

生1：《猫》主要讲了大猫、小猫（分块组合便利贴）。大猫古怪。它既老实，又贪玩，还尽职；她高兴时温柔可亲，不高兴时一声不出；它什么都怕，但又很勇猛。（按"老实—贪玩—尽职；温柔可亲——一声不出；什么都怕—又很勇猛。"形成分类组合。）

生2：《母鸡》的第一部分讲了"令人讨厌"，后来"不敢再讨厌"，所以我们的思维导图第一层就是"讨厌""敬畏"。讨厌它"有什么心事似的，如怨如诉，使人心中立刻结起个小疙瘩来。差不多是发了狂，恨不能让全世界都知道它这点儿成绩。"所以我们记了这些关键词："细声细气、颤颤巍巍、如怨如诉、吵得受不了、不反抗、欺侮、趁其不备。"后来的母鸡："一只鸟儿飞过，或是什么东西响了一声，它立刻警戒起来。发现了一点儿可吃的东西，它咕咕地紧叫，啄一啄那个东西，马上便放下，让它的儿女吃。在夜间若有什么动静，它便放声啼叫，顶尖锐，顶凄惨，无论多么贪睡的人都得起来看看，是不是有了黄鼠狼。"让我们看到了尽职尽责、为母则刚的母亲。（关键词：咕咕地警告、咕咕地紧叫、放声啼叫、挺着脖儿、出击、伏在地上。）

生3：我们小组也是《母鸡》。我们认为母鸡的两部分都是写了母鸡的叫声和行为，所以我们思维导图的第二层还分为叫声和行为两部分。这样前面还会发现很多的对比，同样是叫声，感受却不一样。

师：好厉害！你们发现了吗？同样是叫声怎么会感受不一样呢？我们后面要好好体会、用心研究。谢谢你们！

生4：我们来分享《白鹅》。一个词：高傲！一句话：好一个高傲的动物！

鹅的叫声，音调严肃郑重……不亚于狗的狂吠！这样从容不迫地吃饭，必须有一个人在旁边伺候，像饭馆里的堂倌一样……真是架子十足，这是它的吃相。大摇大摆，从容的步态，好像头上顶着一罐水也足见它的高傲。

（生依次发言。）

师：谢谢各个工作坊的分享。通过梳理，我们分别形成了"作家笔下的动物朋友"的思维导图，对照这几幅思维导图，你发现什么介绍动物的秘密？同桌讨论讨论。

生1：画面要归类组合。

师：是呀，要把收集记录的点点滴滴的素材归归类。

生2：都要写出特点。

生3：多个方面的特点。

师：真能干！继续看，怎么分类写出特点呢？

生1：从白鹅不同方面，比如叫声、步态、吃相写出高傲。

师：对，这叫"一点式聚焦"（板书）。

生2：可以从猫的古怪与淘气两种特性，"母鸡"写了母鸡的负责、慈爱、勇敢、辛苦等多种特性。

师：我们暂且称它为——

生：散点式全面描写。

师：（板书）总之，没有固定的要求，根据素材需要，可以并列，可以不同视角，可以是跨时间段的线索，写出外形之美、形态之美、特性之美。

学习活动四：聚焦特点，迁移运用

师：我们来读读夏丏尊的《猫》和周而复的《猫》，你觉得哪些地方很特别？

生1：夏丏尊的《猫》，小猫白玉似的毛色上，黄斑错落得非常明显。这就非常特别。

师：对，介绍小猫最特别的地方。这叫"写真"，不用面面俱到，介绍最有辨识度的特点。

生2：周而复的《猫》，全身、脸、眼睛、尾巴、小牙齿、胡须，都很好玩，这样的小猫就不会撞脸了。

师：哈哈，特写几个最有特点的五官，就更具体生动了。

生3：有时候还加上自己的感受。

师：是的，这叫"写细"。孩子们，小动物的特点不仅仅是外貌，还有叫声、步态、吃相、睡觉等等。接下来两个任务：一是完成一份"我的动物形象卡"，题目可以自拟。学习准确描述小动物显著特征，如果你的小动物丢失了，你怎么介绍它，可以让帮助你一起寻找的小伙伴尽快找到它？附上照片、联系电话。二是请同学们尝试组合手头收集记录的小动物卡片素材，接下来要有目的地继续观察记录哦！素材可以按照思维导图分别粘贴，可以用"抽屉档案袋"分门别类。

【说明：本实录系两节课连上。第一个作业的评价操作，按评价表的标准（见第二章）自评修改—互评修改—老师评，第二个作业作为过程性评价材料。学生成果以二维码链接分享呈现。】

任务二：写出"情感"

学习活动一：回顾导图，引发任务

师：通过前面的学习，我们知道老舍爷爷主要抓住母鸡的——

生：老舍爷爷抓住母鸡的叫声、行为，写了开始讨厌母鸡，后来不敢再讨厌母鸡。

师：（师生共同形成思维导图）为什么开始讨厌？后面为什么不讨厌了呢？让我们一起跟着老舍爷爷走进一个个画面，细细感受他的情感变化。

学习活动二：聚焦细节，体悟情感

师：请同学们自由读第一部分（出示第1—3小节），说说老舍爷爷为什么讨厌母鸡？做做批注。

生：（自由阅读，批注。）

师：用心感受，我看到很多同学写下了自己的批注。同桌之间先讨论讨论，为什么老舍爷爷那么讨厌这只母鸡啊？

生：（陆陆续续开始同桌交流。）

师：好，把你们的感受说说看。

生1："听吧，它由前院嘎嘎到后院，由后院再嘎嘎到前院，没完没了，并且没有什么理由，讨厌！"嘎嘎，再嘎嘎，前院到后院，后院到前院，反反复复，其实就是烦烦复复，"烦人"的"烦"。

生2："有的时候，它不这样乱叫，而是细声细气的，有什么心事似的，颤颤巍巍的，顺着墙根，或沿着田坝，那么拉长了声如怨如诉，使人心中立刻结起个小疙瘩来。"这个画面好生动，特别是细声细气、颤颤巍巍、拉长了声，想象一下真的有点毛骨悚然，哈哈哈！

师：这样的叫声的确讨厌！还有补充吗？

生3：还会吹嘘。"下蛋的时候，它差不多是发了狂，恨不能让全世界都知道它这点儿成绩：就是聋人也会被它吵得受不了。"下个蛋有什么了不起？

生4：人品还不好。

生5：是鸡品不好，哈哈哈！

生4："它永远不反抗公鸡，有时候却侮辱最忠厚的鸭子，更可恶的是遇到另一只母鸡的时候，它会下毒手，趁其不备，狠狠地咬一口，咬下一撮儿毛来。"典型的欺软怕硬，不善待同类。

师：生活中这样的母鸡的确不怎么美好，很——

生：讨厌！

师：（课件整合四个句子）孩子们，那我们连起来再看看这些叫声和行为，读读看，哪些是老舍爷爷真实看到、听到的，拿起笔，画下来。

生：（再次读、画句子。）

师：可以交流了吗？

生：（略。）

师:(出示句子,画线部分显红。)

听吧,它由前院嘎嘎到后院,由后院再嘎嘎到前院,<u>没完没了,并且没有什么理由</u>,讨厌!

有的时候,它不这样乱叫,而是细声细气的,<u>有什么心事似的,颤颤巍巍的</u>,顺着墙根,或沿着田坝,那么拉长了声如怨如诉,<u>使人心中立刻结起个小疙瘩来</u>。

下蛋的时候,它差不多是发了狂,<u>恨不能让全世界都知道它这点儿成绩</u>;就是聋人也会被它吵得受不了。

它永远不反抗公鸡,有时候却侮辱最忠厚的鸭子,<u>更可恶的是遇到另一只母鸡的时候,它会下毒手,趁其不备</u>,狠狠地咬一口,咬下一撮儿毛来。

师:我们把红色部分跳过,连起来读读黑色的部分。

生:(读黑色部分。)

师:通顺吗?清楚吗?

生:是的。

师:但是感觉有什么不同?

生1:没那么讨厌了。

生2:与其说在写母鸡,不如说这是作者自己的联想。

师:是的。恰恰是作者的联想,让我们体会到了作者对这只母鸡的讨厌。

生:用自己的感情调动别人的感情。

师:是的。那同样是叫声,后来为什么不敢再讨厌?我们走进课文第二部分,画出写母鸡叫声的句子。

生:(自主阅读,画出句子。)

师:交流一下吧。(根据学生交流,随机出示句子。)

一只鸟儿飞过,或是什么东西响了一声,它立刻警戒起来:歪着头听;挺着身儿预备作战;看看前,看看后,咕咕地警告鸡雏要马上集合到它身边来。

发现了一点儿可吃的东西,它咕咕地紧叫,啄一啄那个东西,马上便放下,让它的儿女吃。

倘若有别的大鸡来抢食,它一定出去,把它们赶出老远,连大公鸡也怕它三分。

在夜间若有什么动静,它便放声啼叫,顶尖锐,顶凄惨,无论多么贪睡的人都得起来看看,是不是有了黄鼠狼。

师:用心去读,用心去感受,你一定有话要说,一定有问题要问,在句子旁边做批注。

生1:(自主阅读,批注,交流)发现一点儿可吃的东西,啄一啄那个东西,就放下。为什么?

师:嗯,为什么?

生2:试试那个东西有没有毒。

生3:母鸡自己肯定也是非常饿的,但马上便放下,让它的儿女吃。多么尽责、多么慈爱的妈妈。

生4:以前它从不反抗公鸡,现在连大公鸡也怕它三分。其实它现在也是非常害怕的,但是为了小鸡雏的食物,为了让孩子能吃饱,它宁愿牺牲自己。

生5:为母则刚。

师:说得真好。

生6:一只鸟儿飞过,或是什么东西响了一声,它立刻警戒起来……多么负责、多么勇敢的母亲。

生7:夜里,若有什么动静,它便放声啼叫,叫到引人注意,从白天到夜晚,从吃的,到教的,到安全,它无微不至,很辛苦。

师:是呀,不论院里、院外,它总是挺着脖儿,它歪着头听,它警戒着;发现一点儿好吃的东西……它半蹲着……它伏在地上,多么温馨、融洽,多么和谐的画面。它还教孩子啄食、掘土,用土洗澡,一天不知教多少次。那咕咕的声音一遍遍响起（播放母鸡的叫声），用心听，它在说什么？是小鸡还不会啄食吧，它咕咕地辅导着什么？……孩子碰到困难了，它会怎么安慰、怎么鼓励？这两个孩子一定偷懒了、淘气了，妈妈在批评什么……妈妈有事要出去了，它把孩子集合起来，在咕咕地一遍又一遍叮嘱什么？一个个画面，一声声叫声，展开想象，你联想到什么？请你选择一个场景，大胆地发挥想象写下来。

（撷取几个学生习作。）

生1：宝贝，啄食要先准确观察，确定没有毒。然后张大嘴巴，稳、准地抓住食物，一叼、一含、一仰，咕噜一下，吞进肚子里。没事，多试几次，自然就会了。加油哦！妈妈相信你！

生2：掘土、用土洗澡是鸡的必备生存本领哦。来，看妈妈示范一下……看清楚了吗？关键在抬爪子时用力，泥土到身上后要使劲抖一抖，泥土就会把身上的脏东西一起带下来了。

生3：怎么啦？嘟着嘴，遇到困难了？谁没有难处呢？跨过这个难关就成长了，每个人都是这样越来越厉害的哦。来，和妈妈说说，我相信我的宝贝会是最棒的。

生4：你们两个过来，好好反思一下，刚才干吗了？兄弟间应该是怎么相处的？你们还没真正长大，这样翻滚多么危险呀，一不小心，就会翻下山坡。去，面壁，想好了再来吃饭。

生5：来，孩子们集合一下。妈妈要出去了，小三、小四、小五，你们记得你们今天的任务是继续练习掘土，妈妈回来可要检查哦。小一、小二，你们是哥哥，带好弟弟妹妹哦。大家一定要记得，就在院子里面活动，陌生鸡过来串门，不要开门，等妈妈回来。

师：多么慈爱、负责、辛苦。这分明就是一位母亲，难怪作者说我不敢再讨厌母鸡了。

学习活动三：回归整体，联结表达

师：细节打动人心，在动作、神态注入情感，文字就有了感染人的力量，把我们的感情送到句子中来，连起来读读这些句子。

生：（有感情地齐读。）

师：（回归思维导图）前面写讨厌母鸡，后面不敢再讨厌，那老舍爷爷到底是想表达什么情感呀？

生：是敬畏。先压一压，后面一对比，我们就感觉更了不起了。

师：所以有个词叫"先抑后扬"（板书），对吗？这是一种很重要的写作方法。（出示《猫》《白鹅》思维导图）那《猫》《白鹅》呢？作者到底喜欢还是不喜欢？

生：《猫》《白鹅》文字看来好像是在说不好，实际上都可以看出满满的喜欢之情。表面上的意思和实际的相反。

师：嗯，这叫"明贬暗褒"。再读读，感受一下。（出示句子：小猫真是个讨厌的家伙，用脏指甲在我桌上留下了梅花的痕迹。/ 鹅吃饭时，非有一个人侍候不可，真是架子十足！/ 猫的性格实在有些古怪。）

生：看似矛盾，其实更能体会到作者的真情。

师：说得真好。矛盾处见性情、有波折，从而更表达出作者的情感。这样的语言生活中也还有很多，看——"这臭小子，真是傻透了。"真的傻？

生：不傻，是喜欢。

师：再看——"你可真是个自私自利的家伙，自私自利得把所有痛苦和灾难都留给了自己。"自私自利吗？

生：不，更突出了他的忘我。

师：是的。再看——"王明真是笨，在休息的日子，他居然自告奋勇去加班，去奋战在第一线。真乃'朽木不可雕也'。"真的笨吗？"朽木不可雕也"？

生：当然不是，明贬暗褒。

师：是呀，反而表达了亲切和喜爱。我们再来看一组句子：

说它老实吧，它的确有时候很乖。它会找个暖和的地方，成天睡大觉，无忧无虑，什么事也不过问。可是，它决定要出去玩玩，就会出走一天一夜，任凭谁怎么呼唤，它也不肯回来。说它贪玩吧，的确是啊，要不怎么会一天一夜不回家呢？可是，它听到老鼠的一点儿响动，又是多么尽职。

这可都凭它的高兴。它若是不高兴啊，无论谁说多少好话，它也一声不出，连半朵小梅花也不肯印在稿纸上！

它什么都怕，总想藏起来。可是它又那么勇猛，不要说见着小虫和老鼠，就是遇到蛇也敢斗一斗。

生：（自由读。）

师：把连接词、语气词删掉再读读看。

生：有语气词读起来温柔多了，能感受到对小动物的宠爱。

学习活动四：用心靠近，表达情感

师：是呀，其实只要把心放进去，心里的喜爱之情自然就会流露出来了。拿出你的动物素材，翻一翻，用心回忆，捕捉小动物生活场景的某一瞬间，选择一个记忆最深刻的镜头写好你的动物朋友。

（撷取几个片段。）

生1：小乌龟生来就是这么个磨磨蹭蹭的习惯，把它放在地上，它的小眼睛总是贼溜溜地左顾右盼，是在担忧附近有敌人吗？可能是吧。可它又会伸出小脑袋四处寻找，哪儿才是安全的藏身之处呢？等上半晌，只见它定了个方向，发起呆来，一动也不动，急得人直跺脚。终于，好歹启动了，也只是伸开四肢，贴着地面慢慢挪了几步。原本紧贴着屁股的小尾巴现在也松开了，在屁股后规律地晃呀晃呀。头呢，伸得老长，边走边摇，似乎对这环境还不满意。

生2：Milo是只可爱的小狗，说它安静吧，它的确有时候会穿着小裙子，一声不吭地趴在我的腿上，一起享受静谧的时光，像极了一个乖巧的小姑娘。可是，当它"作起妖"来，就会满屋乱窜，黏着主人带它去最喜欢的户外嬉戏。

（生陆续分享仓鼠磨牙棒、"跑步机"飞了，仓鼠"挖土机"、喵喵造反记、小白表情包，蜗牛生病记……）

师：同桌互评，看看能不能抓住特点，有条理地展开联想、写出画面，让你感受到喜爱。在感兴趣的地方做批注，也可以提提建议。

生：（互评，略。）

师：通过这段时间的观察记录，相信同学们都积累了很多小动物的素材。我们来讨论一下，如果你要出差几天，请求邻居喂养小动物，为了帮助邻居了解小动物，更好地照顾它，怎么把小动物的脾气、饮食等特点具体告知邻居？

生：外貌可以略写，要把生活习性写清楚，写具体。

师：如果你要搬家，请求别人收养你的小动物，你怎么介绍？

生：简单描述外貌，重点应写出关于小动物的趣事，分享喂养小猫的一些快乐，让同学喜欢上小猫。

师：很好。那我们就进一步完成我的动物朋友手册，建议感情真挚、图文并茂。

任务三：写出"情趣"

学习活动一：回顾梳理，链接单元

师：通过前面的学习，我们认识了一只怎样的白鹅？"好一个高傲的动物！"（出示）像这样既联系上文，又开头写下文的句子叫——

生：过渡句。

师：如果去掉这一句话可不可以？说一说你的理由。

生：过渡就是总结上面，引出下面。去掉的话就感觉格格不入，说话没有婉转、太直接，而且有些时候意思也表达得不够清晰准确。

师：是的。有了过渡句承上启下，文章更加流畅。那么课文从哪些地方看出"白鹅的高傲"？

生：叫声、步态、吃相。（呈现思维导图。）

师：作者是喜欢还是不喜欢？

生：字里行间充满着宠溺呢，让人读来忍不住想笑。

学习活动二：聚焦吃相，品味情趣

师：找找看，哪些画面让你觉得忍不住想笑？做批注。

生：（自由阅读，做批注。）

师：同桌之间相互讲一讲，你仿佛看到了什么画面？

生：（同桌间讲一讲、读一读，读出画面。）

师：在这些画面中，最让你忍俊不禁的是——

生：吃相。

师：那就让我们一起先聚焦吃相。哪些画面让你忍不住想笑？

生1：先吃一口冷饭，再喝一口水，然后再到别处去吃一口泥和草。大约这些泥和草也有各种可口的滋味。这些食料并不奢侈，但它的吃法三眼一板，一丝不苟。这样的画面用一个词来说就是"三眼一板"。

师：（贴生字卡片）早上吃饭，它先吃一口冷饭，再喝一口水，然后再到别处去吃一口泥和草。中午吃饭，它先吃一口冷饭，再喝一口水，然后再到别处去吃一口泥和草。晚上吃饭，它先吃一口冷饭，再喝一口水，然后再到别处去吃一口泥和草。哈哈，不过是吃冷饭、水、泥和草，却吃得——

生：像吃不同的大餐，优雅。

师：有点高傲。继续交流。

生2：每逢它吃饭的时候，狗就躲在一边窥伺。狗在窥伺，鹅在高傲地吃着饭，这场面也很有意思。

师：展开想象，狗在窥伺，好像在说……白鹅好像在说……

生：白鹅三眼一板，慢悠悠地吃着饭，大黄狗躲在篱边直流口水，好想吃呀。白鹅眼睛一瞟，头一晃："本老爷的食物谁敢抢。"狗不敢，悻悻地说："兄弟赶紧吃呀……"

师：好玩！如果给这幅画取个名字，可以叫什么？

生：狗鹅斗智。

师：有意思。继续交流。

生：这样从容不迫地吃饭，必须有一个人在旁边侍候，像饭馆里的堂倌一样……真是架子十足。我觉得这个画面最好笑了，大名鼎鼎的大作家，把鹅叫作鹅老爷。

师：堂倌是谁？

生：伺候人的跑堂的。

师：（出示图文，堂倌伺候老爷图）这样幽默、又有点夸张的语言我们叫作"漫画式语言"。

学习活动三：举一反三，探究情趣

师：像这样的漫画式语言，文中还有？默读第3、4自然段找找漫画式语言。

生：（自主阅读，找、画句子。）

师：找到了哪些？和大家交流交流。

生1："鹅的叫声，音调严肃郑重，似厉声呵斥……后来我看到果然如此：凡有生客进来，鹅必然厉声叫嚣；甚至篱笆外有人走路，它也要引吭大叫，不亚于狗的狂吠！"这里的一个个分号让我看到一个个大叫的画面此起彼伏。

师：关注了标点，想象画面，真会读书。读书就要这样沉入文字中。这里有个字不知道你们有没有注意，"嚣"字让你感受到什么？

生：四个口，声音很响。

师：像这样写叫声的词，文中还有很多，读一读。

生：严肃郑重、厉声呵斥、厉声叫嚣、引吭大叫。

师：想象画面，仿佛看到什么？

生：它昂着头，起劲地叫着，尽职守门。

师：（出示画面）继续交流。

师："鹅的步态更是傲慢了。大体上与鸭相似，但鸭的步调急速，有局促不安之相；鹅的步调从容，大模大样的，颇像京剧里的净角出场。它常傲然地站着，看见人走来也毫不相让；有时非但不让，竟伸过来颈子来咬你一口。"这里把鹅的步态比作京剧里的净角出场，挺滑稽的。

师：我们先来看看"净角"，听说过吗？

生：京剧里的一个角色。

师：是的。请大家看一份资料。京剧里有五大角，旦角（指戏曲中的女性形象）、生角（通常指老生，青壮年男子）、丑角（插科打诨比较滑稽的角色）、净角（花脸，以面部化妆运用图案化的脸谱为标志）、末角（生行的次要角色）。简单地说，旦角就是——

生：女的。

师：生角是——

生：男的。

师：丑角是——

生：小丑，搞笑的。

师：净角是——

生：大花脸。

师：末角——

生：次要人物。

师：想不想看看净角出场？（观看视频）什么感觉？

生：大摇大摆，从容的样子，好像头上顶着一罐水，有趣。

师：其实在阅读链接《白公鹅》中，有过一段鹅的步态描写，找找看。

生："它走起路来慢条斯理，仔细掂量着每一步。落步之前，它总要先把脚掌往上抬抬，再合上掌蹼，就像收起张开的扇面一样；然后摆一会儿这个姿势，再不慌不忙地把脚掌放到地上。通过车辙凌乱而泥泞的路时，它也那么有办法，身上的任何一根细翎都不沾上一点儿污泥。就是狗在身后追赶，这只鹅也绝不举步奔跑。它总是高傲地、一动不动地挺着长长的脖子，好像头上顶着一罐水。"

师：用手掌试试这个画面。（出示：姿态图）就这样净角出场，想不到是一只鹅。

生：（笑。）

学习活动四：整合拓展，表达运用

师：一个画面，通过幽默、夸张的语言一写就充满情趣，这就是语言的魅力。把这样漫画式的画面语言画下来、连起来就是一本漫画书。(翻转板书画面，形成漫画。)

生：(惊喜)哇！

师：如果说老舍先生对猫是明里暗里的喜欢，对母鸡欲扬先抑更是敬畏，那丰子恺对白鹅是喜欢还是不喜欢呢？（明贬实褒。）这种表达也增加了语言的情趣。

课外再去读读丰子恺《手指》《阿咪》、王小波《一只特立独行的猪》、黄永玉《比我老的老头》，品味漫画式语言。同时，回忆养小动物过程中的一个个生活场景，把某个场景用漫画式的语言描写出来。画一画，用图文结合的方式来介绍一种动物，让别人喜欢上你的动物朋友。

学习活动五：完成手册，展示成果

师：孩子们，学到这里，我们可以理一理。想一想，你的动物朋友可能会遇到哪些情况？根据实际需要，你准备在这本图文手册中介绍它的哪些方面特点？撰写手册目录。同时整理阶段成果、观察记录卡，完善手册内容，建议：图文并茂，如果有小视频，可以放二维码；注意语言，表达自己的感情，同时让别人喜欢你的动物朋友。最后，基于手册内容，设计封面，并为你的图文手册取一个题目。

【说明：评价分三个维度，一是图文手册成果。把成果放成一排，让学生自由、自主学习阅读，并在表格相应处打分，分设创意奖、美文奖、美观奖、表现奖等。二是过程性评价。三是动物形象卡、动物习性篇、动物情趣篇的文章质量（详见第二章）。】

我的"校园年度汉字"
——五年级下册第三单元启动课教学实录

学习活动一：启动任务，"字"述一年

师：孩子们，有这样一个词语（出示：年度汉字），听说过吗？

生：没听过欸。

师：那我们来听听百度百科怎么说。（播放视频介绍。）

生：明白了，"年度汉字"就是一年内最具有代表性的汉字。

师：换句话说，就是看到它，就能想起一年里印象最深刻的场景。比如说2023年度中国的年度汉字是——（振），看到它，你就会想起什么？

生1：我想起我们全国上下一心，振兴中华。

生2：很振奋的工作场景。

师：是呀，"振"成了2023年的生活底调。我们来读读推荐语（略）。你看，一个汉字，胜过千言万语，一个汉字，包含时事万千。这次我们就跟着"年度汉字"一起走进有趣的汉字表达。（板贴：有趣的汉字表达。）

学习活动二：知识建构，"字"圆其说

（一）不同字体的汉字表达

师：先来看这样一组字。这是2023年度两岸民众推选的年度汉字，这是什么字？

生：是"融"字。

师：我们一个一个地读，发现什么？

生：它们的字体不一样。

师：是呀，汉字是世界上最古老的文字，在漫长的历史长河中，汉字的字体发生了一系列的演变。阅读过这个材料吗？（出示教材阅读材料《汉字字体的演变》。）我们来理一理时间轴。最早的汉字是——

生：甲骨文。

师：就是刻在龟壳和兽骨上的字。猜猜看，这组是什么字？

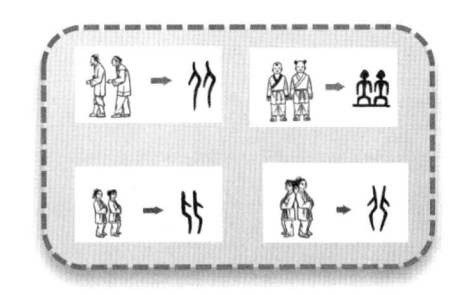

生1：我觉得第一个应该是"从"，两个人，一个跟着另一个。

师：你看出来了！

生2：第二个是"坐"，来了个人坐在那里。

生3：不对，这个书上材料中有，是"并"，并排站着的两个人。第四个是"北"，书上也有。

师：这个字呀，两个人背靠着背，原来是"背"的意思。可是，表示方位的"北"一直没有字，就借用了。

生4：第三个是——一个高一个矮，是"比"。

师：真厉害！再来一组。

生1：第一个我认识，手里拿着一把禾苗，是"秉"。

师：那手里拿着两把禾苗呢？

生2：是"禾"。

生3：不像，看后面的字，应该是"兼"，手里拿着两把禾苗就表示兼顾啦！

师：你可真像文字专家呀。

生：（自发掌声。）

师：你看，这就是汉字，一个汉字就是一幅画。以形表义是汉字很重要的特点。（板贴：形→义）但随着时间的推演，甲骨文逐渐演变为——

生：金文。

师：再后来呢？

生：出现了小篆。

生：再后来演变为隶书，再后来有了楷体。

师：其实我们籀园的"籀"字也是一种字体，叫籀文，出现在小篆之前，叫大篆。

生（齐呼）：哇哦！

（课件：在时间轴上逐一出示不同字体。）

师：这里有一个很重要的时间节点，就是秦始皇统一了全国，也——

生：统一了文字。

师：文字的统一不仅方便了沟通，更重要的是它意味着政治的统一和文化的统一。我国是一个多民族多语种的国家，文字的统一具有重大意义。所以，还有一个很重要的时间节点，就是2000年10月，我国颁发了（出示：《国家通用语言文字法》）——

生：《国家通用语言文字法》，确立了普通话和规范汉字作为国家通用语言文字。

师：孩子们，你们看，这样一梳理，你们有没有发现（出示阅读材料中字体演变的表格），为了方便，通用汉字的字体变得越来越——

生：越来越简化了。

师：但我们进一步追溯它的演变历史（板贴：字体的演变），依然可以从它的横竖撇捺中看到当时造字时的场景。

（二）汉字的含蓄表达

师：我们再来看一个资料。（播放视频：关于象形字"门"，会意字"闩、开、闯、闪、问、闷"以及形声字"闻、阔、阀、闺、越、阁"等的造字。）

生：（边看边会心地笑。）

师：看了视频，你又了解到汉字的哪些特点？

生1：汉字中有很多的形声字，占89%以上。

生2：汉字有象形等多种造字的方法。

师：那最常见的造字方法有哪几种？

生：象形、会意、形声。

师：还有一种，你看我画。（画"上"的造字法）那么"下"怎么写？

生：地平线下面点一下。

师：这种造字法就是"指事"。正因为汉字的这些造字特点，自古以来，人们创造了很多含蓄的方法来表达汉字。（出示：教材阅读材料《字谜》。）比如——

生：字谜。

师：猜过吗？猜出了几个？交流一下。

生1：第一个我来画一下吧（略）。你看，加上这里说"冬时短，夏时长"，这和地球绕着太阳转有关的，所以是"日"。

生2：第二个是"坐"，这个是把"坐"拆开来编的，把两个"人"和"土"合一合就猜出来了。

生3：第四个是"口"。这个谜语中都是"有""无"，所以我主要去看"有什么"，"右、后、哥、周"里面都有"口"。

生4：那个时钟我猜出来了，是"斗"。

师：这是时钟谜，怎么猜出来的？

生4：时钟十二点，这里有两点。

师：我还听不懂。

生4：就是"十"加上两点。

师：明白了。

生5：第三个字谜中提到四个"有"，我们加一加，就是"他、驰、池、地"，这几个字中共同的部分就是"也"。

生6：第五个是"休"，人靠在树上，我可以把人想象成单人旁。还有，人靠在树上就是休息一下。

师：是呀，会意字用图画来编字谜，是一个好办法。

生7：第七个黑狗，狗就是"犬"，所以是"默"。

生8：我补充，后面还说，那个青年人笑而不答，就是沉默的意思。

师：聪明，联系起来猜得更准确了。这个门内添"活"的故事藏着什么字谜？

生：是"阔"。

师：明白了。总之，字谜就是先把汉字拆一拆，然后通过加一加、减一减、联一联，就能创作出字谜来了。那我们能不能用这些方法也给"闷"编一个字谜？（出示：前面的一组"闷"。）可以是文字谜，可以是图画谜，还可以把谜语藏在故事里。小组讨论讨论。

生：（小组内每人选择一种方式，给"闷"字编个字谜——组内交流，修改。）

师：小组派一个代表交流一下。

生1：想想下面，问问外面。

生2：我画了这样一幅图。（一扇门里关着一个心。）

生3：我编了一个故事。疫情时，我们都在家里上网课，我在自己门上贴了一个心。爸爸就明白我的心情了。

生4：心关门内不舒服。

（生踊跃发言。）

师：都是字谜高手！孩子们，像这样含蓄的汉字表达还有很多。你看，我们一、二年级小朋友们在学习的《有意思的大单元识字》，有一个单元就是汉字游戏，比如风车游戏，把汉字藏在风车里；比如说，拼字游戏，拼一拼，变出一个字。有趣吧？

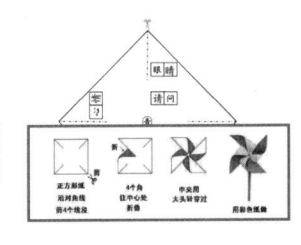

（三）汉字的艺术表达

师：我还发现更有趣的汉字表达呢，想知道吗？（出示：教材中阅读材料《书法欣赏》）这是什么？

生：书法欣赏。

师：为进一步了解，林老师就在"中国知网"输入关键词"汉字书法艺术"，出来这样一批文章，在其中一篇文章中发现了这么一段话。（出示：汉字的形体也能反映艺术家的思想情感，如米芾笔下的"山"苍劲有力、气势恢宏，与他的山水画神韵非常相似，而郑板桥的"心清水浊，山矮人高"笔下的"山"却是那么单薄、矮小。）

图2—1 米芾的"山"字和山水画　　图2—2 郑板桥 书

师：回到刚才的这组书法（出示："融"的一组书法），用心去感受，你感受到艺术家们怎样的情感？

生：（交流发言，略。）

师：是呀，汉字的"形象性"为它的艺术气质奠定了基础。你看，（出示各种汉字艺术表达的图片）以汉字创作的——

生：剪纸艺术、篆刻艺术、扇面、牌匾。

师：这些都是汉字的艺术表达。

（四）汉字的创造性表达

师：汉字还可以创造性地表达。2019 年，有这样一幅画在网上疯传。这是 2019 年网友们推选的年度汉字，结合解释读读看，创意在哪里？

生：利用了"南"和"难"的谐音。

师：对，通过谐音表达意思。（板贴：←|音|）这样的谐音表达还有很多，你看，（出示：教材中阅读材料《有意思的谐音》《"枇杷"和"琵琶"》。）很多的歇后语就是利用了谐音的特点，很多的汉字笑话也是来源于汉字的谐音。我们再来看看网友们的脑洞大开。这是——

生：难上加难。被难倒了。左右为难。

师：提示一下，这表示什么？（出示：￥）

生：表示"钱"。

师：（动画去掉）那现在知道了吗？

生：（大笑）没钱真难，哈哈！

师：这就是汉字，每一个汉字都是音形义的完美统一（板书：综括号）。每一个汉字都是有灵魂的，它们的这些特点总会让人

产生无限的遐想，创作出很多有趣的表达（课件出示）。不管是不同的字体的表达，还是含蓄的表达，还是艺术性的表达、创造性地赋予它新的含义，都是为了更好地表达意思、传递情感。

学习活动三："字"出新裁，研究推荐

师：其实，每个人都会有一个自己的"年度汉字"，听听他们怎么说？（播放视频《上海市民"年度汉字"采访》）想一想，2023年哪些画面一直留在你的脑海里？你想到了哪个字作为你的"年度汉字"呢？每人写在便利贴上，然后在小组内说一说理由。

生：（小组内交流"年度汉字"。）

师：但如果要推荐这个字，引起大家的共鸣，让更多的人愿意把票投给你，那就要学会好好表达，对不对？你觉得还要进一步研究这个字的哪些内容？

生1：要查一查这个字包含什么意思。

生2：了解这个字的字体演变的过程是怎样的。

生3：我要查一查这个字书法家们有哪些书法作品。

生4：研究下这个字是怎么造字的。

生5：这个字读音上有没有哪些多音字或者同音字。

师：（随机在板贴相应位置打上问号。）很好，根据你们的研究内容做好小组分工，完成"我的'年度汉字'推荐任务单"。这里给你们提供一个小贴士，推荐几个专业网站、几本专业书籍、几位汉字专家以及你们研究过程中可以随时咨询请教的老师（略）。

生：（小组分工，略。）

师：林老师再吩咐一下下一阶段的任务，查阅了资料后，每个人先自主思考，你准备怎么表达这个字？可以直接用艺术化表达，如书法、不同字体等；可以含蓄地表达，如编字谜、汉字游戏等；也可以创造性地表达，如谐音、汉字图形等。一周之后，小组合作，讨论表达的方法，尽量选用不同的表达方式来呈现。成果以小组为单位形成作品集，这项必做；还可以增加视频、课件等形式的成果。期待我们下阶段的"年度汉字"推荐会，看看哪几个"年度汉字"能够高票当选，成为我们的"校园年度汉字"。

（四）呈现作品。（略）

附：

表3-1 我的"年度汉字"推荐任务单

研究主题			
1.想一想：2023年，哪些画面一直留在你的脑海里？ 2.写一写：你想到了哪个字作为你的"年度汉字"呢？先每人写在便利贴上，然后在小组内说一说理由。			
研究内容	研究方法	小组分工	时间
这个字有哪些意义？			
这个字是怎么演变的？			
这个字是怎么造字的？			
这个字的读音上有什么特点？			
研究成果			
1.自主思考：你准备怎么表达这个字？ （1）直接表达，如书法、不同字体等； （2）含蓄地表达，如编字谜、汉字游戏等； （3）创造性地表达，如谐音、汉字图形等。 2.小组合作： （1）讨论表达的方法，尽量选用不同的表达方式来呈现。 （2）成果以小组为单位形成作品集（必做），还可以增加视频、课件等形式的成果。（选做）			

小贴士

1. 推荐几个专业网站：

字源网：http://www.fantiz5.com/ziyuan

象形字典：https://www.vividict.com/Public/index/page/index/index.html#

2. 推荐几本专业书籍：

《汉字教学常用字形义解析》《新华字典》《说文解字》

3. 推荐几位汉字专家： 王宁（北京师范大学） 金文伟（集美大学）

"任务群读写"背后的故事

书稿最后，不妨再说点新方案背后的故事吧！

2018年，我出版了《胖圆游历记——绘本拼音教学法》，我把统编教材涉及的拼音知识点都整合在胖圆游历的一个个故事中，13个故事学完了，拼音也就学会了。"悦读绘本，易学拼音"。

2020年，我又带领团队把统编教材的六个集中识字单元和汉字构形文化相结合，在爱学的基础上，进一步引导学生能学、会学。六个学科项目化学习构成一个识字教学新体系，出版的《大单元识字教学》《有意思的大单元识字》成果刚好契合了2022年版新课标提出的"语言文字积累与梳理"学习任务群理念。

其实，我心里一直还有一个念想：读写是统编教材的重要领域，我还能再做点什么？但因各种事务一直拖延。事实上，对读写结合的研究始于初上讲台，朦胧中有这样一种意识，之后研究过《基于学习需求的写作微课程》，其间也写过《读写一体化作文》一书，当时成尚荣教授还亲自提笔作序。遗憾因教材更替，出版之事不了了之。

随着新课标出台，"任务群读写"新方案在脑中萦绕已久，也践行了不少经典案例。本书能得以出版，得感谢梅若冰编辑的执着和耐心，多次联系，并顶着酷暑高温跑到温州和我签了一个没有时间限定的合同。这份感动督促着我放弃寒暑假、双休日提笔写作。

回首自己走过的路，可以说有三个时间节点：第一个节点是 2006 年，出版《感悟：灵动语文》，从此，"赋予灵动扎实的根基，赋予扎实灵动的韵律"成了我教学追求的方向。这个时候的教学，关注更多的是课堂要素的统整；第二个节点是 2012 年，出版《基于"助学稿"的小学语文学习设计》，我带领团队研究教材，开始跳出教材开发课程，这时的教学，开始关注有体系的统整；第三个节点是 2018 年之后，相继开发《绘本拼音学习法》《大单元识字教学》以及这本《小学语文"任务群读写"新方案》，拼音、识字、读写，从教 30 多年，我终于完成了把语文教学做一个系统梳理的心愿。这个时候的教学，关注的是全方位的统整。《灵动语文的课程统整》也由北京师范大学出版社出版。这是灵动语文 2.0，"18 年磨一剑"，灵动语文实现了迭代和蜕变。

入格、破格、升格，我的成长路也是所有教师成长的三个阶段，所以我总会不自觉地把这种架构渗透到书里。本书就从宏观构想、中观设计和微观现场，阐述了"任务群读写"新方案——

您可以拿来就用。素养的本质就是"做中学"，做着做着就顿悟了。当然，我更期盼您将典型案例结合理论，边做边琢磨中观层面的策略，举一反三，衍生出更多的产品，改变自己的教学。

您可以调适着用。建议您整体阅读全书，从宏观的构想到中观的设计到微观的现场，系统了解整体思路，然后根据不同的学情需要，微调实施。因为思维、策略都是共通的。

您更可以创造性地实施。"任务群读写"是一种思维，一种意识，一种习惯。运用"任务群读写"的核心理念，您可以用好教材"例子"，创生新的课程资源。让我们一起为深化课改的理念落地携手努力！

感谢成长路上关心、支持我成长的领导、专家，感谢教育部百名"教育家型"名师名校长领航的培养。特别要感谢成尚荣教授，仍在百忙之中再次提笔作序。请允许我在心里默默记下这份感激！我会继续带着感恩，努力反哺！

林乐珍

2024 年 3 月于明园